'7

YASUHITO ENDO

KODANSHA

２０２４年1月９日
現役を引退しました。

１９９８年から26年間、
大好きなサッカーを思い切りやれて、
本当に幸せでした。

最初は15年くらい続けられればと
思っていたのに、
26年って……。
けっこう頑張ったでしょ？

勝ったり負けたり、
降格したり昇格したり、
そりゃいろいろありました。
勝負の世界ですから。

褒められたり、叩かれたり、
それもいろいろありました。
プロの世界ですから。

でも、楽しかった。めちゃくちゃ。

サッカーは団体競技なので、
僕個人の記録を意識することは
あまりなかったんだけど、

現役生活は終わったので、
とりあえず自慢させてください。

Yatto's Record

国際Aマッチ通算152試合出場 **最多出場**

J1リーグ通算672試合出場 **最多出場**

公式戦通算1129試合出場

J1通算103得点

24年連続得点

Jリーグベストイレブン　12回 **歴代最多**

日本年間最優秀選手賞（2008年、2014年）

アジア年間最優秀選手賞（2009年）

Jリーグ最優秀選手賞（2014年）

Jリーグ開幕30周年記念
「明治安田J30ベストアウォーズ」MVP受賞（2023年）

etc.

すごいでしょ？（笑）
うん、俺、頑張った。

一試合ごとを振り返れば
後悔だらけだけど、
サッカー人生においての後悔は
まったくありません！

ここまで頑張れたのは、
一緒に頑張ってきた選手たち、
チームスタッフの皆さんの
支えはもちろん、
サポーターの皆さんの
応援があったからこそ。

本当にありがとうございました！

26年ってけっこう長くて、
全部は入りきらないんだけど、
プロデビューから1年ごとに
振り返ってみました。

若すぎて恥ずかしい写真もあるけど、
「あ～、こんなことあったな～」って
読みながら回想してもらえると思う。

遠藤保仁のプロサッカー生活
〝ほぼ〟すべてが詰まった一冊です。

CONTENTS

横浜の映画館で
大島秀夫と
『タイタニック』を観た
1998年

皆でよくやっていた
パイレーツさんの
「だっちゅーの」も懐かしい

■Jリーガーとしてのプロデビュー

プロのキャリアをスタートさせたのは横浜フリューゲルスだった。

高校3年生の10月くらいに、鹿児島実業の松澤（隆司）監督に「いくつかのクラブから（獲得のオファーが）来てるよ」と聞かされていた。どこのクラブなのか具体的には教えてくれなくて、最終的には「ヤットならここだろう。行ってこい」みたいな、半強制ともいえる状況での入団内定だった。

フリューゲルスは年に一度、鴨池（緑地球技場）で試合もしていたし、鹿児島キャンプもしていた。同じ鹿児島出身で鹿実の先輩でもあるゾノ（前園真聖）もいたし、身近に感じているチームではあったので、キャリアの第一歩としていいチームに入れたと思う。

実際、練習に参加してみると、主力選手には素さん（山口素弘）や吉田孝行さん、（セザール・）サンパイオや三浦のあっちゃん（三浦淳宏／現淳寛）など、代表クラスの選手がたくさんいて、当然ながらみんなうまかった。そんな中でも、自分の持っているテクニックを活かせば、新人の僕だって試合に出ることができるという自信があった。

というのも、その年に就任したスペイン人の（カルロス・）レシャック監督が掲げていたのは積極的にボールを動かす攻撃的なパスサッカーだったからだ。レシャック監督の「どうしてそんなに選手が走らないといけないんだ。ボールをもっと動かしなさい」という指示や、「がむしゃらに走る選手は臆病だ」という考えがす

1998

ごく新鮮だったし、自分のスタイルやサッカー観と重なる部分があった。

3月21日の開幕戦でスタメンに。

プレシーズンのスペイン遠征でも、レギュラーメンバーと一緒にある程度の水準と強度でプレーさせてもらっていたから「ひょっとしたら（開幕戦に）出られるかも」という期待はあったし、心の準備はできていた。もし、監督が日本人だったとしたら1年目の選手をいきなり開幕戦では使わなかっただろうけど。ただただ、僕は恵まれていたんだと思う。

フランスW杯を控えたシーズン開幕戦。4年後の日韓大会のメイン会場となった横浜国際総合競技場のオープニングマッチでもあり、横浜マリノス（現横浜F・マリノス）と対戦する横浜ダービー。確か観客は5万人超え、試合前に花火が上がって「Jリーグってやっぱすげぇ」とワクワクした。そんな華やかな雰囲気でのデビューだったけど、緊張は……、まったくなかった。

はじめて袖を通したプロのユニフォーム。横浜フリューゲルスでの背番号は「27」だった。

自分のファーストタッチがどうだったかとか、誰にパスを出したかとか聞かれても、具体的にはほとんど覚えていない。でも、ピッチの中はテレビで観たJリーグ元年（1993年）の開幕戦、横浜マリノスvs.ヴェルディ（川崎、現東京ヴェルディ）の雰囲気そのままというか「ああ、これがJリーグか。こんなに大勢の人たちが自分のプレーを見てくれているんだか

観客5万人超の横浜ダービーでプロデビューを飾れたのは幸せ者

ら、やっぱりプロってすごい。アーティストってライブのとき、こんな気持ちなのかな」、そんなふうに考えたことを覚えている。

フリューゲルスも強い選手が揃っていたけれど、マリノスもすごい陣容だった。後ろは（川口）能活さん、小村（徳男）さん、井原（正巳）さん、中盤には俊（中村俊輔）がいたし、前には城（彰二）さんと（フリオ・）サリナス選手。松さん（松田直樹）もベンチにいた。ほぼ代表選手で構成されたチームだったけれど、そんな相手を目の前に僕は、「デビュー戦だし、ダメで元々」と、緊張はいっさいなかった。

いいパフォーマンスができていたかはわからないけれど、これだけの選手の中に入り、なんとなくでも「戦える」とシンプルに感じることができた。あの大観衆の中で延長戦を含めてフル出場。今は無き「Vゴール」で勝てたのはなにより大きな一歩になった。みんな先輩選手だったのと、勝った

瞬間に自分からタッチを求めたりハグしたりといった喜び方がわからなくて、同期の大島（秀夫）と二人で喜んでいただけだったけれど……。

とにかく、新人としてこれ以上の経験はないと言えるほどのゲームをデビュー戦で体感したことで、気持ちに余裕ができた。

■プロ生活のスタート

プロの世界はすごい。試合がアウェーのときはグリーン車で移動し、ホテルは一人部屋。学生のときとは違ってホペイロ（用具担当）さんもいる。ありがたい環境に感動の連続だった。「試合前日の練習はこんな楽でいいのかな」とか、「前泊はやることがなくて暇だな」とか、戸惑うこともあったけれど、いつの間にか慣れていった。

ピッチ上では自分のサッカーに手応えを感じつつも、一方では課題もしっかり突きつけられた。例えば、3節のアウェー名古屋（グランパスエイト、現名古屋グランパス）戦。自分のパフォーマンスが低くて、平野（孝）さんにサイドをぶっちぎられ、途中交代させられている。悔しかったけれど、替えられても仕方のない内容。フィジカルの底上げの必要性を痛感した一戦だった。試合を重ねながら、プロの厳しさや、日本代表選手のレベルの高さを知ることができ、その経験が自分を大きく成長させてくれたと思っている。

そして、前述のとおりこの年にはフランスW杯があり、数試合だったけれどテレビで観ることができた。「ゆくゆくは自分も代表に選ばれたい」「いつかW杯に出たい」というざっくりとした目標はあったものの、このときはまだ素さんや（小野）伸二を応援するだけ。日本代表なんて僕にはまだまだ遠い場所だった。チームでもレギュラーを取れるかどうかという時期だったし、素さんやサンパイオといった世界と戦う選手と、自分がレギュラー争いをしているということのすごさを噛み締めていた。

■プロとしての初ゴール

W杯が終わり、夏になるとリーグ戦が再開。鹿島アントラーズ戦では初ゴールも記録した。

吉田さんが右サイドの少し高めの位置からアーリー気味にクロスを上げる瞬間、僕は逆サイドにいたけれど「あ、これ、流れてくるかも」と感じてペナルティエリアに向かって走り出した。予想どおり、相手ディフェンダーの頭をかすめたボールが足元に来たので、シュートを打てる位置に左足でトラップ。キーパーが出てきたところを右足で流し込んだ。

自分の中ではもっと早く初ゴールを決めたかったし、この試合では同じような流れでの決定機を直前に外していたから、嬉しかったというより「安心した」という気持ちに近い。

日本代表なんて
僕にはまだまだ遠い場所
チームで頑張るしかない

何より強烈な記憶は、チームメイトが「初ゴールおめでとう」と祝ってくれた中、素さんか

1998

らは試合後のロッカールームで「1本目も決めろよ」と言われたことだった。もちろん半分は冗談で、その厳しさこそが素さんのプロとしての素晴らしいところなんだけれど、当時18歳の僕は「なんでこの人はいつもこんなに厳しいんだ」と思っていた。

結局、プロ1年目のシーズンはリーグ戦16試合、カップ戦4試合に出場し1ゴール。収穫も課題もあった。

■プライベートの過ごし方

「見られていることを意識しろ」

「いい車に乗れ」

先輩選手たちからたくさんのアドバイスをもらい、プロとしての心構えやふるまいについて、基礎的な部分は自然に学べた。

当時はまだ年俸の上限が決まっていなかったので、1000万円超という18歳にしてはとんでもない大金が振り込まれた。何を買ったかといえば……、とくに何も買っていない。洋服を買うのに使ったくらい。もともと散財するタイプでもないので、お金はほとんど両親に管理してもらっていた。

横浜といっても寮は武蔵小杉にあって、そこから東戸塚のグラウンドまで通っていた。交通手段は、先輩の車。瀬戸（春樹）さんや波戸（康広）さんに乗せてもらっていた。右も左もわからない僕。練習についてはもちろんクラブハウスや寮の使い方など、いろいろなことをその車の中で教わった。その車の中にはいつも、GLAYやayu（浜崎あゆみ）の曲が流れていて、唄いながら行き来していたことを思い出す。

遊びに行くときは、だいたい同期の大島と。記憶に残っているのは、横浜駅の近くの映画館で男二人、あの人気映画『タイタニック』を観たことくらい。いたって地味な都会生活1年目だった。

この年、もうひとつの出会いがあった。

俊との出会い。

マリノスに所属していた兄・彰弘が、竹田和正さんというトレーナーのもとで体作りをしていて、興味がありついて行ったら、そこに能活さん、松さん、俊がいた。

開幕戦の横浜ダービーで対戦はしているものの、そのときはまだ親しくなかったので「あ、中村俊輔だ」くらいの感じ。俊はもう既に騒がれていたので僕は知っていたけれど、俊はどうだっただろう。親しくなるのはもう少し後だけれど、僕のサッカー人生において大きな出会いのひとつだったと思う。

■プロ1年目で襲った危機

試合経験や出場機会、新たな環境や出会いを積み重ねた1年。今振り返ってもいいシーズンだったと言える。秋にはA代表と五輪代表監督に就任した（フィリップ・）トルシエさんに代表合宿に呼ばれ、翌年に出場するワールドユースのチームに入るなど、違うチームから受ける刺激もあった。

その中でひとつだけ誤算というか予想外のこ

とがあった。それは、フリューゲルスが消滅し、マリノスと合併するというニュース。

発表があったとき、僕はアジアユース選手権（AFC U-19選手権）でタイのチェンマイに滞在していた。この大会が翌年のワールドユースの予選となる。

フリューゲルスとマリノスの所属選手だけが別室に呼ばれて、状況を聞かされたが、いきなり「フリューゲルスとマリノスが同じチームになる」と言われても、正直理解できないし、イメージもできなかった。

帰国すると、想像以上に大きな話題になっていたけれど、まだ何もわからないルーキーだった当時、スポンサーとチームの関係なんてさっぱり。もっといえば世の中の動きや世論というものさえわかっていなかった。できることは先輩についていくだけ。リーグ戦は終わっていたけれど、天皇杯で勝ち残っていたので、そこで優勝することだけを目指してチームは戦った。「なんだかすごいことになってるな」と思う一方、「何が起きてもサッカー選手はサッカーをするだけ」という、どこか楽観的な気持ちも自分の中に存在していた。

U-19アジアユース選手権に出場した際の写真。「黄金世代」と呼ばれるメンバーとはこの年に出会い、翌年、ワールドユースで準優勝することに。

日刊スポーツ/アフロ

『アルマゲドン』の
ラストシーンで涙した

1999年

モーニング娘。の
「LOVEマシーン」も
よく聴いてたなぁ

■「横浜フリューゲルス」消滅

１９９９年は、元日の天皇杯決勝で幕が開いた。僕は98年のシーズン後半はワールドユースの合宿や試合があったため、国立競技場のスタンドで観ていた。タイトルのかかった試合だし、ピッチに立ちたい気持ちはもちろんあったけれど……。

チームが消滅すると聞いて、多くのサポーターが署名活動をしてくれている姿だったり、薩さん（薩川了洋《のりひろ》）が涙をこぼしながら関係者たちに訴えている姿だったりを近くで見ていたから、まだフリューゲルスで1年しか過ごしていない自分が出るよりも、Jリーグ開幕時からチームをずっと支えてきた先輩たちこそピッチに立つのがふさわしいと思った。最後の試合に出られないことへの悔しさより、心から「頑張ってくれ、勝ってくれ」と願っていた。

２−１でエスパルスに勝って、トロフィーを手にした後のロッカールーム。みんな喜んでいるのに、悔し泣きしているというとても複雑な空気だった。今でも当時のスタッフや選手に会うと、そのときの話になる。

チームの消滅なんてあってほしくないことだけれど、一般企業だって利益が出なければ倒産するし、合併だってする。Jリーガーになれたからといって安泰ではなくて、常に最悪の事態を考えて自分が価値のある選手でいることは、サッカー選手として重要なことだ。当時はきっとそこまで深く考えていなかったけれど、そして、チームの消滅は残念ではあったけれど、そんな非常事態を10代で経験したことで、その後

1999

チーム消滅は残念だけど、その経験がプロとしての在り方を教えてくれた

のサッカー選手としての在り方を学ぶことができた。

フリューゲルスが吸収される先の横浜マリノスか、ずっと行きたいと思っていた柏レイソルか。移籍するにあたっていくつかの選択肢があったけれど、僕は、最終的に京都パープルサンガ（現京都サンガF.C.）を選んだ。

■2度目の引っ越し

正直「また引っ越しかよ」と思っていた。鹿児島から横浜、そして京都の城陽市へ。1年間に2回も引っ越しをするとは想像していなかった。しかもプロ1年目で。

引っ越し直前、僕は運転免許を取った。首都圏で教習所に通っていたから、京都で取得するとなると、手続きが面倒になる。新チームに合流してからまた教習所に通うのは嫌だったし、4月にはワールドユースも控えていた。失敗が許されない一発勝負。とくに筆記試験は半端ない緊張感があった。

「選手生活でいちばん緊張した試合、場面は？」という質問をよく受ける。ほとんど緊張することがないから「あんまないっすね」と答えるが、たまに、素っ気なさすぎるかなと、「運転免許の試験がいちばん緊張しました」と付け足すことがある。冗談に聞こえるかもしれない

「足元のうまさは、マジ最強」。今振り返ってもすごいチームだったと言うワールドユースのメンバー。

けれど、けっこう本気。

■「黄金世代」メンバーと挑んだワールドユース

無事に免許も取得し、引っ越しも終え、サンガのユニフォームを着てプロ２年目を迎えた。当時のサンガは優勝よりもＪ１残留が目標。まだ途上のチームだったから、どちらかと言えば守備的な仕事が多くて、自分のプレーやパフォーマンスを考えるというよりも、どうしたらチームが良くなるか、勝ち点をひとつでも多く得られるか、19歳ながらにチーム全体のことばかり考えていた気がする。

そんな中で、４月にナイジェリアで開催されたワールドユース（ＦＩＦＡワールドユー

1999

ス選手権）は、世界に挑める本当に恵まれた機会だった。

その年の2月にブルキナファソという国で合宿があり、人生で初めてアフリカ大陸に行った。知らない土地でサッカーができるのはとても幸せなことだ。

チームメイトは、その後「黄金世代」と呼ばれる顔ぶれ。キャプテンの（小野）伸二を中心に、南（雄太）、加地（亮《あきら》）、イナ（稲本潤一）、（小笠原）満男、タカ（高原直泰《なおひろ》）など、すごい選手が揃っていた。

16歳で世代別の代表に初めて呼ばれたとき、そのレベルの高さに驚いたことを覚えている。「無理だろ、このメンバーで試合に出るのは」と。みんなの上手さを知っているからこそ、「なんとかしてコイツらに勝たないといけない、どうにかしてポジションを確保しないといけない」と、ずっと考えていた。ライバルではあったものの、彼らのパステクニックは素晴らしく、どこで試合をしていてもすごく楽しかった。

1998年から（フィリップ・）トルシエさんがA代表とユースを兼任して指揮することになったけれど、ボランチはずっとイナと酒井（友之）だった。でも、イナが膝を怪我してしまい、出場の機会がまわってきた。酒井はサイドで使われることが増え、（中田）浩二はフラット3を任され、満男はボランチより高いポジションで試合に出ていた。正直、そのタイミングでボランチのポジションを与えられたのは運がよかったと思う。

もちろん、それまでの練習でイナたちと自分に何か決定的な差があるとは感じていなかったし、あそこに立ったら何をするべきか、何を求められているかはイメージできていた。コンディションもよく、出場できれば遜色なくやれると思っていた。

　初戦のカメルーン戦はタカのゴールで先制しながら、終盤に2失点して負けてしまった。勝てなかったけれど、この日初めて世界を体感し、「いける（通用する）んじゃないか」と思った。確かにカメルーン身体能力の高さとパワーは驚異的だったけれど、内容としては日本の狙いどおりに時間が進んでいた。余裕を持ってボールを動かせたし、むしろリードを保ったまま試合を終わらせるためのいい課題を得たとすら思っていた。

　次のアメリカ戦を3−1で勝ち、グループリーグ最終のイングランド戦は2−0で完封。

　僕が意識していたのは、とにかくボールをシンプルかつ効果的に捌《さば》くこと。中盤の底にいて、最強の仲間たちが前にも外にもいるんだから、自分のところで難しくする必要はない。前に2シャドーの伸二と満男がいて、さまざまな場面でイメージを共有できていた。

1999

初めて世界を体感した日
僕たち日本も〝いける〟と思った

　トルシエさんは守備面で規律を重んじる。その点にさえ気を遣っていればダイレクトかツータッチでとにかくボールが動き、チームは前に進んでいく。とくにタカと永井（雄一郎）さんのツートップは、動き出しやスペースの作り方など僕と相性が良く、やりやすかった。このチームでのサッカーは、自分の言葉で言うと「めっちゃ楽しかった」。

■「茶色い水」事件

グループリーグは順調に突破した一方で、なんとも言えない状況もあった。現地の環境だ。

確かこのときのホテルは本山（雅志）と同室で、浴室に入った本山が「おい、なんかシャワーから茶色い液体が出てきたぞ」と叫んで出てきた。最初だけ茶色い水が出て、後に透明になるわけではなく、それが通常らしい。いいホテルのはずなのに、枕を叩けば尋常じゃないほどの埃が立ち、エレベーターはいつも止まっている。パスタをはじめ、出てくる食事は全体的に茶色かった。でも食べるしかない。

現地での国内移動でも不思議なことがあった。僕の航空券には「2H」と席番号が書いてあるけれど、機内のシートに行くと、その席には大きなアフリカ人が座っていて……。航空券の番号は意味をなさないらしいと、みんな空いている席に座った。ようは自由席だったのだ。

予想外の出来事が多かったけれど、最後は「死ななきゃいい」と、みんな開き直っていた。なかなか経験できないことを経験し、「この環境で試合できるんだから、この後、どこでも戦えるだろう」という免疫のようなものがついた日々だった。

今だったら受け入れられないかもしれない。仕事であれば仕方がないので行くけれど、相当文句を言ってしまうだろう（笑）。

■ワールドユース準優勝

決勝トーナメントではポルトガル戦で得点も記録して、準々決勝のメキシコ戦は2－0、準決勝のウルグアイ戦は2－1で勝利した。

決勝進出。それまでの日本代表の最高記録であるベスト8を超え、歴史を塗り替えることができたのだ。「日本のサッカーの歴史に新たな1ページが刻まれた」。その言葉はとても嬉しかった。ただ、嬉しい結果ではあるけれど、僕にとってはその記録よりも、ボールを持って動かし続けることで相手をコントロールできたこと、その手応えがあったことが決勝進出以上に嬉しかった。厳しい環境でもみんないいパフォーマンスができたのも自信になった。

決勝はスペインに0－4で負けて、結果は準優勝。

当時19歳ながら、バルセロナで中盤のリーダー的存在だったシャビ（・エルナンデス）はやっぱりうまかった。ボールコントロールは当然ながら、彼のフィジカルの強さには驚かされた。ガツガツ体を当てるタイプではないけれど、そのとき、おそらく日本代表で一番フィジカルが強かったイナとガッツリ接触しても、平然とターン。体の強さや使い方は自分や日本に足りないものとして映った。

ゴールマウス（ゴール前面のエリア）には（イケル・）カシージャスもいたけれど、そこまで印象は強くなかった。それよりも違う（トーナメントの）山にブラジルがいて、ロナウジーニヨが出ていたから、対戦してみたいという好奇心のほうが大きかった気がする。

その後、「スペインなど欧州でプレーすることを意識しているか」と聞かれることが何度かあった。当時は欧州のマーケットにピックアップされる選手なんてヒデさん（中田英寿）しかいなかった。Jリーグで圧倒的な選手にならなければその扉は開かれないどころか、扉など現れすらしない。世界への意識というよりは、単純に技術的にやれるという手応えと、逆に世界にはまだまだ強いチームがいること。それを知ることができたナイジェリアでの1ヵ月だった。今振り返ってもすごい成績だし「日本は強かった」と断言できる。

僕個人としても全7試合に出場して結果を残せたことは自信になった。このワールドユースを経たことでプレーに余裕や幅が生まれて、なんというかピッチの中でどっしり構えられるようになった気がする。同時に「もっとやれる、まだまだうまくなれる」という確信を持てた。茶色い水はキツかったけれど、今ではいい思い出だ。

これからもっと楽しくなる。未来を感じたワールドユース準優勝だった。

日刊スポーツ/アフロ

最初に手にした
「二千円札」は
やっぱり取っておいた

2000年

あのお札、
どこ行ったんだろう

■プロ生活3年目の自覚

2000年、僕にはやらないといけないことが明確にふたつあった。〝サンガのJ1残留〟と〝シドニー五輪出場〟だ。

サンガには、前シーズンの途中からカズさん(三浦知良)が加入。とにかくシュートがうまくて、シュートの技術では、僕が一緒にプレーしてきた選手のなかで間違いなくトップ。体重や体脂肪率の細かい数字まで追求し、それに伴うこだわった食事を摂る。とにかく自己管理を徹底していた。ランニングではいつも先頭を走っていたし、誰よりも声を出してチームを盛り上げ、練習から一切手を抜かなかった。さらには、全体のトレーニングが終わった後も一人残ってさらに練習して。あれだけのキャリアを築き、誰よりも知名度のある選手。カズさんには、サッカーに取り組む姿勢を勉強させてもらった。と同時に、「カズさんの真似はできない」「カズさんのようにはなれない」と思った。

このときピッチ上では、カズさんが僕の前にいて、中盤には鹿児島実業の後輩・松井大輔や、パク・チソン。大輔の技術の高さは知っていたし、チソンは強いフィジカルを持っていた。

戦えるメンバーだと思っていたけれど、ファーストステージの開幕戦でジェフユナイテッド市原(現ジェフユナイテッド市原・千葉)に1-6で大敗。2節でセレッソ大阪にも負け、3節のガンバ大阪戦でようやく勝ち星を拾った。

僕は3試合すべてフル出場していたけれど、全員の歯車が嚙み合っておらず、その危機感

2000

は大きかった。

「このままじゃ降格になる」と、強化部に言いに行ったほどだ。僕にしては珍しい行動だったと思う。

それでも悪い流れを断ち切ることはできなかった。2勝しかできずにファーストステージは最下位。監督が代わり、7月からは平野（孝）さん、シゲさん（望月重良）が加入。そうして挑んだセカンドステージだったけど、チーム状況を劇的に改善するまでには至らなかった。

プロ生活も3年目。試合には常に出られる状況だったし、守備に関しても攻撃に関しても、自分がやらなきゃという自覚みたいなものは間違いなくあった。得点にも絡んでいかなければいけないという思いもあって、「こう動けばうまくいくんじゃないか」と常に考えながらプレ

断ち切ることのできない負の連鎖
大好きなサッカーがひとつも楽しくない

ーしていた時期でもあった。前年のワールドユースで自分のプレーに自信が持てていただけに、結果に結びつかずに本当に辛かった。リードしていても、1点取られると焦りが生まれて「追いつかれるんじゃないか」と臆病になってしまう。ロッカーの雰囲気もどんどん悪くなって……。あんなにサッカーが楽しくなかったシーズンは他にはない。

■スタンド観戦で終わったシドニー五輪

秋にはシドニー五輪があった。

ワールドユースで準優勝したメンバーに、ヒデさん（中田英寿）や俊（中村俊輔）、柳さん（柳沢敦）が加わり、トルシエジャパンを構成。アジア予選から出場していたものの、僕は予備登録メンバー。本戦に選ばれたのはイナ（稲本潤一）とミョウさん（明神智和）だった。

バックアップメンバーとして向かったシドニー。この大会では、スタンドから日本の試合をぼんやり見ていただけ。誰かが負傷したり体調を崩したりすれば出番が回ってくるけれど、さすがにそんなことは考えないようにしていた。

日本はグループリーグを突破して決勝トーナメントに進んだ。メディアに「快進撃」などと報じられたが、どうにも複雑な気持ちだった。ロッカールームでみんなが喜んでいて、もちろんその輪の中に入って「ヤッター！」と叫んでいる自分がいて。でも、本当の気持ちを押し殺して、みんなと一緒に喜んでいる自分を、どこか冷めた目で分析している自分がいた。あれは初めての経験だった。

複雑な心境の中でも、俊と同部屋だったことには救われた。他競技の観戦や応援に行く機会もなく、思い出としては二人で『ウイイレ（ウイニングイレブン）』をやりながら、試合に出ている俊に愚痴ったりしていたことくらいだ。サッカー以外のバカ話もしたし、ちょうどこの頃から俊とはさらに親しくなっていったように思う。

横浜の家にも遊びに行ったし、オフには温泉に出かけたりもした。俊はまだマッチ棒みたいに体が細かったけれどテクニックは抜群だった

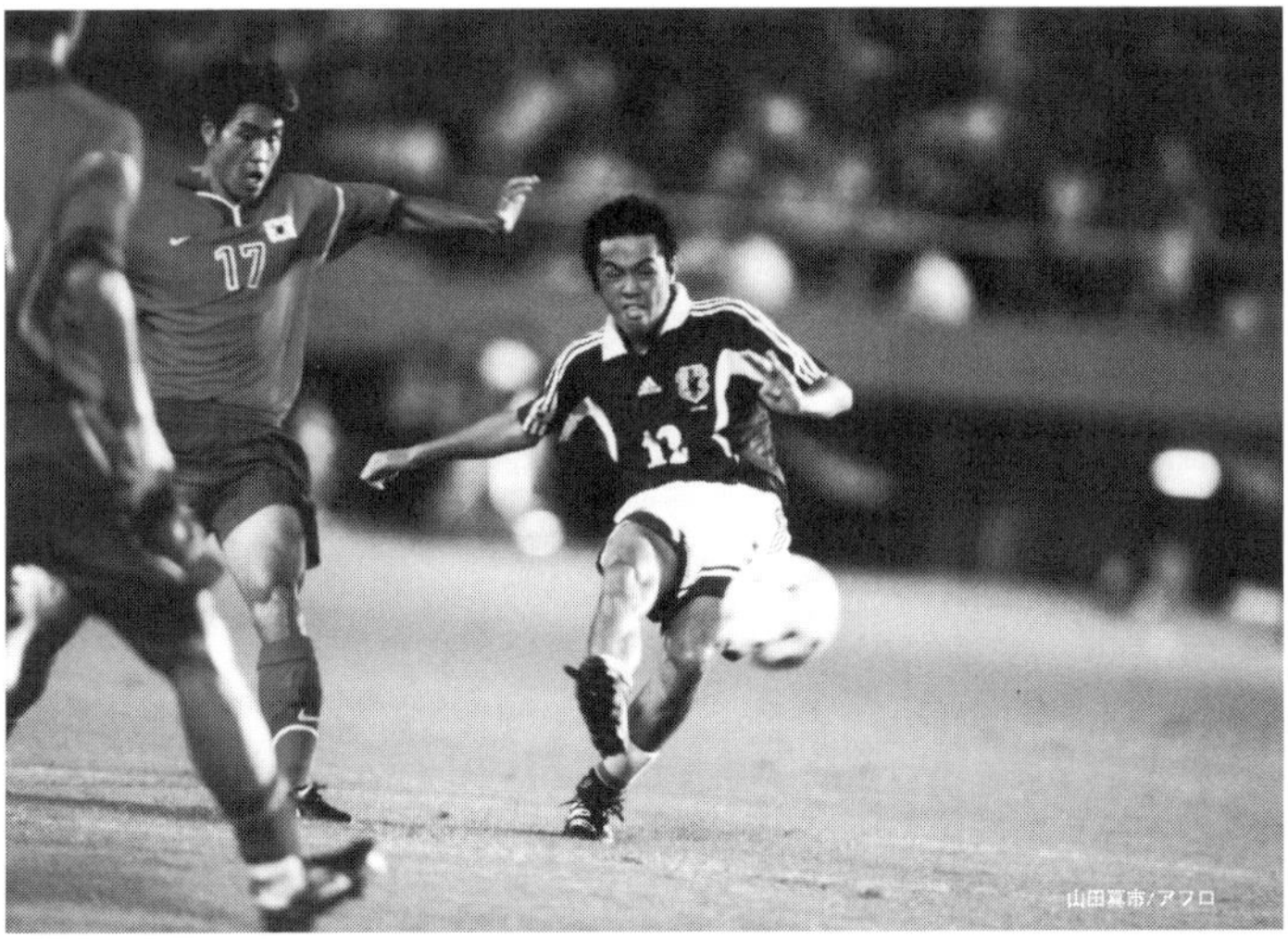

最終予選までは出ていたが、予備登録メンバーで終わってしまったシドニー五輪。

し、世界のサッカーにやたら詳しくて、「あのときの○○のプレーが〜」と延々とサッカーの話ができるヤツだった。

■トルシエさんとの不仲説

結局、シドニー五輪はベスト8。アメリカにPKで負けて幕を閉じた。

結果的にシドニー五輪の主力選手たちが2年後に開催された日韓ワールドカップの主要メンバーになったことから、トルシエさんとの関係について、「不仲」とか「軋轢《あつれき》が生じた」とか書かれたみたいだけれど、僕たちの関係は別に普通だった。少なくとも僕はそう思っている。

このシドニー五輪でバックアップになったことも含め、望んだように試合に出られないこととへの悔しさはもちろん、納得できない気持ちもあった。それは事実。でも、それも普通のこと。単純にサッカー観が違っただけ。彼は感情を出してファイトする選手を好んでピッチに送り出し、僕はそういうタイプの選手ではなかったというだけだから。

といって、試合出たさに自分のプレーをトルシエさんが好むように寄せたいとも思わないし、むしろそんなことをすれば自分の強みを消してしまう。トルシエさんも、そんな選手だったらなおさらいらなかったと思う。普通の上司と部下みたいな関係だった。

楽しいとは言えないシドニー五輪だったけれど、ある意味では刺激的な時間だった。こういう経験をしたヤツでしか成長できない部分がきっとある。無駄にはしたくないし、絶対に無駄にはしない。そう誓って日本に帰った。

■最悪のシーズンを象徴するJ２降格

シドニーでの悔しい思いをリーグ戦にぶつけようと臨んだセカンドステージ。でも、サンガの悪循環は続き、最後まで打破できなかった。誰も口には出さなかったけれど、「もう残留は厳しいだろう」という空気が流れていた。

J２降格。

そのとき、悔しかったのか、不甲斐なかったのか。正確には覚えていない。

ただ、ほぼすべての試合にフル出場させてもらい、「自分がやらなければ」とずっと思いながら戦ってきた。まだ若かったけれど、責任はすごく感じていた。

2000

20歳といえど、もう新人ではない。国際大会も経験し、自分のことを多くの人が知ってくれた。「周囲にもっと認められたい」という欲のようなものや、「自分がチームを勝たせないと」という思いが、プレー以外のところで出すぎてしまったのかもしれない。（ゲルト・）エンゲルス監督とはフリューゲルス時代も一緒だったし、自分の意見を言いやすい人だったので、チームを良くしようと、感じたことを伝えたりもした。熱くなりすぎて言い合いになったこともあって……。ひょっとしたら、そんな僕を見たチームメイトや関係者が「なんだこの若造は」と違和感を持ってしまったかもしれない。若かったせいか、気持ちが前のめりになって、自分をうまくコントロールできなかったと思う。

3年目ながら責任を感じたJ2降格 サッカー人生でも最悪なシーズン

2000年はとにかく、サッカー人生の中でも最悪のシーズンだった。

思い描いていたプレーができなかったし、結果も残せなかった。シドニー五輪ではスタンド観戦しかできず、JリーグではチームがJ2に降格。「良くないことは連鎖するんだな」と、身を以って知った1年でもあり、「サッカーは簡単じゃない」と痛感したシーズンだった。

それでも、すべては成長するための経験だと考えることもできていた。「俺はまだまだこれからでしょ」と。あとはこのドン底から、這い上がるだけ。どうやって這い上がってやろうか。そんなことを考えていたので、ネガティブな気持ちを引きずることはなかった。そして、這い上がるための選択こそがガンバ大阪への移籍だった。

■「移籍」の決断

移籍の選択肢はいくつかあった。

自分のキャリアや将来、2年後に控えた日韓ワールドカップのことを考えるとJ2のチームに残るのは現実的とはいえなかった。チームの方向性やビジョン、選手層、監督のタイプ、そうしたものをミックスして決断しなければならないから。プロ生活はまだ3年ながら、フリューゲルスとサンガという2チームを経験したことで、他のクラブを客観的に比較できる余裕ができていた。

また、サンガへの移籍時は、所属チームの消滅によるものだったから移籍金は発生しなかったけれど、契約が残っている状況での移籍はそれなりに高額な移籍金が発生してしまう。そんな条件で受け入れてくれるクラブはあるだろうか。今後のことを考えているとき、ガンバ大阪からのオファーがあった。迷いなし。話を聞いた時点で、移籍することはほぼ決めていた。

ガンバはJリーグ開幕時の「オリジナル10」、いわゆる名門クラブではあるけれど、開幕後はなかなか結果を出せずにいた。それまでの年間順位も4位が最高で、まだタイトルを獲ったこともない。それでもガンバに行こうと思ったのは、シンプルに若くていい選手が揃っていたからだ。

ツネさん（宮本恒靖）やイナがいて、オグリ（大黒将志）やフタ（二川孝広）、イバ（新井場徹）、ハッシー（橋本英郎）、都築（龍太）と生え抜きの選手が多く、そこに（吉原）宏太君が加わって、俺と同じタイミングで（山口）智も獲得するという話も挙がっていた。とくに宏太君と智はシドニーでバックアップメンバーだった同志でもあったから、心強くもあった。

イナには海外移籍の話が出ていたけれど、これだけのメンバーが揃っていれば近い将来必ず強くなる。そう確信できた。クラブの獲得選手や育成方針からも目の前の勝利を追い求めるよりも、長く強い時代を築きたいという意図が見えた。

黄金期を作り、その中心に自分がいられるように成長し、タイトルを獲る。クラブと共にキャリアを築きたい。それが当時描いた僕の理想の未来だった。

ガンバはこれからきっと強くなるオファーを受け、迷いなく移籍を決めた

日刊スポーツ/アフロ

もはや誰にでも
「ファイナルアンサー!?」
と聞いていた

2001年

『千と千尋の神隠し』は
めちゃくちゃ好き
橋の上をハクがヒュ〜ンと
飛んで行くところは
とくに大好き

■第二の故郷となる「大阪」へ

人生3度目の引っ越しで大阪の北摂エリアに住むことになった。

大阪に住むのはもちろん初めてだったけれど、抵抗はなかった。学生の頃は「関西の人は早口で、いろいろ言われるとちょっと怖い」くらいのイメージだったけれど、京都に2年いたおかげで関西の言葉にも慣れてきたし、サンガには関西出身の人が多かったので特有のノリも楽しめるようになっていた。

「クラブハウスが近いから」というだけの理由で決めたエリアだったけれど、都市部より静かな北摂に住んだおかげで遊びにも行かずにサッカーに集中できた。自分にとっていい選択だったと思う。

もちろんそのときは、大阪に20年以上住むことになるなんて想像もしていなかった。3～4シーズンプレーして移籍するというビジョンもあったし、まずガンバで中心選手となってトロフィーを獲って、翌年の日韓ワールドカップに出場する。そういうキャリアを描いていた。

もうちょっと正確にいえば、他の道はほとんどなかった。そのときはヒデさん（中田英寿）くらいしか世界でポジションを確立している選手はいなかったし、W杯経由でしか欧州のマーケットにはひっかからない。いずれにしてもまずはリーグ戦、そう考えていた。

また、その頃から守備に対しての意識が変わってきた。それまではボランチといっても、後ろを他の選手に任せて高いポジションまで出て

2001

いくことが多かった。守備をないがしろにしていたわけではなく、そこまで必要性を感じていなかったから。でも、ガンバで絶対的な存在になるためには攻撃面でも守備面でもレベルアップしなければいけない。そう気付いた。

ただ、それに伴って走り込んだり筋トレを増やしたりは一切しなかった。プロ1年目からパーソナルトレーナーをつけてインナーマッスルとかは継続的に鍛えていたけれど、ガムシャラに筋トレしてもサッカーがうまくなるわけではないから。「ここの筋肉がもっと欲しい」とか「体重を増やそう」とかそんな意識が芽生えたことはなかったと思う。

ボールや相手選手へのアプローチのスピードやタイミングというのを学びつつ、どちらかと言えばベースアップしながら、いかに頭を使ってポジショニングで勝負するか。それを磨いていくことに専念した。

ガンバで絶対的な存在になるために…頭を使うサッカーを意識した

■自分のサッカーの原点

サッカーをはじめた小さい頃からベースは同じだ。小学5年生のときの『桜島サッカースポーツ少年団』の指導者・藤崎信也先生が「試合をして体が疲れるのは当たり前。終わったときに『今日はよく考えてサッカーしたから頭が疲れたな』って思えるようなプレーヤーになりなさい」と言ってくれた。

高学年とはいえ、小学生へのアドバイスとしてはだいぶ難しいことだし、最初からずっと頭を使ってプレーできていたわけでもないけれど、それから少しずつ〝考えて動く〟ことを積み重ねていった。

〝考えて動く〟には多くの情報をまずは目から入れないといけない。周囲を見るために首を振って広くピッチを認識しはじめたのもこの頃だ。考えること、周りを見ることで自分のプレーの選択肢が広がっていった。

藤崎先生は、「止める、蹴る」といった基本を大切にしながら、遊び心を褒めてくれる人だった。僕のサッカーの土台を作ってくれた人とも言える。

通常、小学校の中学年から高学年にかけてはミスを避けるために「利き足で、次にすぐ蹴ることのできる場所にボールをトラップ」「パスはインサイドキック」という基本に忠実な指導が行われる。逆足でトライしたり、ヒールやアウトサイドでボールを蹴ったりすると「正確じゃない」「基礎を大切にしなさい」などと注意される。指導者によっては「カッコつけるな」とか「チャラい」と怒り出す人もいた。もちろん間違っているとは思わないけれど、子ども心に「その状況次第でいろいろできないとダメなんじゃない？」と思っていた。

場所や相手は忘れてしまったけれど、ある練習試合で予測していないタイミングでボールが来たことがあった。どうしようと迷っているうちに無意識に左足のアウトサイドが出て、それがうまく理想どおりに飛んでくれてゴールした。アウトサイドなんてそれまで練習したこともなかったのに、藤崎先生は「今のはいいプレーだったから、そういう挑戦をどんどんしていきなさい」と言ってくれた。「ちゃんと俺のプレーを見て評価してくれる大人もいるんだ」と思ったし、もっとそういうプレーにトライしていいんだと安心した。基本的な技術さえあればもっと「普通」からはみ出して遊び心を持って攻めたり、相手を騙したり、意表を突いていこう、そう思えた。プロになってから「遠藤保仁の最大の武器はブレーン、サッカーIQ」だと評価されることがあったけれど、その原点となったのがその左足のアウトサイドキック。

だから中学に入った時も高校に入学したときも、98年にJリーグで戦ったときも、日本代表として世界と対峙したときも、フィジカル面で圧倒的な差を感じてはいるものの、「テクニックでどうカバーしようか」と考えていた。

■プロとして生き残るための自己分析

もちろん、フィジカルで自分の弱い部分を自覚して鍛えるのもプロの仕事。なので最低限は鍛えながら「自分の勝負できる部分はどこか」と自己分析を繰り返していた。プロで生き延びるため、上を目指す中で自分と向き合う時間は不可欠。まずは自分を知り、長所をいかに伸ばして短所をいかに埋めるか。自分の長所を把握した上でハンディをカバーし、うまく利用しなければならない。

また、いいところだけでなく弱点や改善点を指摘してくれる存在が周囲にいるか、その人の言葉にきちんと耳を傾けることができるか。

当然ながらときには振り返りたくないミスを挙げられることもあるし、耳の痛いひと言もある。それを聞き流して「俺にはこの武器があるからいいや」と結論づけるのもその選手の生き方だけれど、いずれ壁にぶつかるのは間違いない。それよりも他者の言葉や意見を受け入れることで、違った観点でトレーニングできたりプレーの幅が広がったりすることも多い。僕の場合はパーソナルトレーナーをはじめ、先輩や仲間たちにも、そういう存在がいてくれた。恵まれていたとも思うし、若い頃から周囲の信頼できる人の意見にしっかり耳を傾ける癖がついていたのがよかったとも思う。

フィジカルの弱さを見つけて最低限のトレーニングで補いながら、逆にそれを活かして違う部分で勝負する。そうした戦い方をできるようになったのが21歳。ガンバでチームの中心になるため、そして日本代表にも呼ばれて定着するため。とくにワールドユースの頃から日本代表で中盤のポジションを得るためには、自分のよさをわかってもらわなければという思いがあったからだ。

■ガンバ大阪のサッカー

当時のガンバは自分の現状とマッチする部分が多かった。

それまでのガンバのサッカーの印象は、よく言えば隙がないけれど、悪く言えば特徴がない

チームの中心選手となりタイトルを獲る。理想の未来に向かって、ガンバでの生活がスタートした。

ものだった。オーソドックスな4-4-2を敷いていることが多く、「まずは守備から」というわけでも「とにかく攻撃」という感じでもない。スタイルがないなら自分が作ってやろう、とまでは思ってはいなかったけれど、自分がやりたいサッカーを見せたいと思っていた。イナ（稲本潤一）が途中で海外に移籍してしまったけれど、最終ラインからツネさん（宮本恒靖）や（山口）智、イバ（新井場徹）もいた。みんなつなぐ技術があったし、中盤ではハッシー（橋本英郎）やフタ（二川孝広）とボールを回せた。個人的に欲を言えば、外からの攻撃を得意としていたけれど、だからこそ中央で変化をつけることがもっとできればと感じていた。

　とはいえ、僕は加入1年目にしてほぼ全試合に出場し、チームでも最多の時間、ピッチに立つことができた。リーグ戦は年間で14勝2分14敗の7位。カップ戦は2回戦敗退で、天皇杯もベスト8。必ずしも好成績とは言えないし、「これがガンバのサッカーだ」と他のチームやサポーターに示すことはまだできないながらも、少なくともボールを保持してチャンスを作るという自分の意図とプレースタイルはある程度、知ってもらえたという手応えはあった。

　一方で、ガンバのサポーターの熱さに触れ、プロである以上、勝つために試合をするのだと再確認できたシーズンでもあった。何よりも負けたら自分も楽しくないし、満足できない。勝つために楽しむのが理想だけれど、勝つためには苦しみも必要なこと。ガンバに移籍して、プレーに対しても日々の練習に対しても、整理整頓ができた。

Panasonic
19

サッカー選手として見ても、
男として見ても
ベッカム様はカッコよかった

2002年

そういえば2004年に
僕もモヒカンみたく
しちゃってたな……

■楽しさとジレンマとの間で

2002年、西野（朗）さんがガンバの監督に就任した。

その後、ガンバは攻撃的なスタイルを確立させていくのだけれど、西野さんが来た当初は「守備からやっていこう」というチーム作りだった記憶がある。個人的には、規律はありながらも「好きにやっていい」という自由も与えてくれて、やりやすかった。もちろん自由な分「勝つためにはどうしたらいいのか」という部分を自分なりに考えないといけない。それがまた選手としての成長に繋がった。

チームとしても、すぐに連勝するようなことはなかったけれど、少しずつ意図したようにボールを動かせるようになり、結果も出はじめた。「勝ちそう」とか「勝てそう」という試合が増えていった。

反省点や改善点があるとすればポストプレーに頼る割合が高くなりすぎたこと。この年にはマグロン（ジュリアノ・タデュー・アランダ）というブラジル出身でサイズのあるターゲットマンがいて、まずはマグロンにボールを当てよう、預けようという意識がチームにあった。

マグロンはブラジル人らしく足元も上手で、このシーズンも翌シーズンもチームの得点王だった。

順位もクラブ史上最高の3位に上がったし、みんなが彼を頼りたくなる気持ちは理解できるのだけれど、それは前年からやってきた「パスを繋ぐサッカー」というよりも、苦しくなったらロングボールを前に蹴っておくというスタイ

2002

ル。それが逃げのプレーに映ることもあったし、大雑把な戦術と感じることもあった。

ロングボールありきだと、僕たち中盤の選手はボールを受けるためのサポートよりも、後ろの選手が蹴る前から高い位置を取りに走らないといけない。どうしても単一的な動きになってしまうし、何よりもボールを受けて捌く僕にとっては、自分を経由せずにボールが空中を行ったり来たりするのが面白くない。結果は出はじめたけれど、ジレンマはあった。

■ベッカム人気がすごかった日韓W杯

6月には日韓共催のW杯があった。

1999年のワールドユースが終わってからは、自分がトルシエジャパンの構想に入っていないことはわかっていた。2002年のW杯は選手としてではなく純粋なサッカーファンとして神戸でのスウェーデンvs.ナイジェリアと、長居でのナイジェリアvs.イングランドの2試合を観戦した。

日韓W杯のときはグアム旅行へ バナナボートに乗って海を満喫

イングランドには（デビッド・）ベッカムがいて、かなり話題になっていた。僕も「カッチョいいなあ」と普通のファン目線だったし、テレビをつければベッカムが淡路島のキャンプで何を食べたとか、彼の奥さんも来日するとかしないとか。全国的にモヒカンも流行っていて、僕のまわりにもベッカムヘアにしている人は多かった。僕もモヒカンに……、してみたいとは思ったけれど思っただけ。

それ以外の試合は観ていない。グアムに行ってのんびり休暇を楽しんでいたから。普通に観光して、バナナボートに乗ったり、ビーチでボーッとしたり、おいしいものを食べたりして過ごした。

もちろん代表に入れずに悔しい気持ちもあった。「4年後には自分もあの舞台に」と考えていたと思う。

これはおそらく自分の性格なのだけれど、それまでの人生、基本的には流れに逆らわないで過ごしてきた。代表に呼ばれない、W杯に出られないということは、まだ自分の実力が足りていない、結果を出せていないということ。だから、そこでジタバタと無理やり何か行動を起こしても状況が変わることはまずない。それよりも自分の立ち位置を自覚したうえで「じゃあどうしたらいいか」と、チャンスを広げるために考えることが大切だと思っていた。

結果的には決勝でブラジルがドイツを2−0で破って優勝した。ドイツもいいチームではあったけれど、リバウドやロナウド、ロナウジーニョの「3R」と呼ばれるタレントがいたブラジルのほうが人を魅了するサッカーをしていたし、自分が理想とするのもブラジルのサッカーだと感じた。

後から考えると、この2002年のW杯が自分にとってひとつの転換期だったかもしれない。当時は「ファンタジスタ」と呼ばれる選手もいたし、うまくてカッコ良くてワンプレーで

2002

スタジアムの空気を一変させる「10番」みたいな、華やかなスターも多かった。

一方で、この頃からフィジカルの強い選手が重用されてきて「球際《たまぎわ》」や「ハードワーク」なんていう言葉が頻繁に使われ出したようにも思う。

日韓W杯に出ていた選手で言えば、同じ1980年生まれの（スティーブン・）ジェラードなんかは、ボール奪取能力が高くて、そこから一気に相手にとって危険なエリアに進入する推進力があった。ボランチの位置から点が取れる「守れて走れてスコアできる若い選手」が世界のスタンダードになっていくだろうと感じたし、自分に不足している部分だなと客観的に分析していた。

ただ、それだけを求めるのは危険だと思ったし違和感があった。

もちろん運動量は大切でサッカーの重要な要素。でも、それはあくまで技術のひとつであって、戦術ではない。僕はそう解釈していた。

どこまでいってもサッカーという競技の本質は「いかに有利な形でボールを保持して相手ゴールに迫り、ボールをゴールに入れるか」だ。長い時間ボールを追い掛け回していればOKでは決してない。だからこそ、自分のプレーの中には「やってて楽しい」と思える遊び心を失いたくなかったし、いずれそれが武器になるだろうという予感もあった。

■日本代表としての初出場

日韓W杯が終わり、日本代表の監督にジー

築田純/アフロスポーツ

A代表デビューとなったキリンチャレンジカップのアルゼンチン戦。

コさんが就任した。

初戦のジャマイカ戦の中盤にはヒデさん（中田英寿）、俊（中村俊輔）、イナ（稲本潤一）、（小野）伸二の４人の海外組が並んで「黄金のカルテット」などと呼ばれていた。年齢が近く技術の高い選手が揃っていて「すげえメンツだな」と、４年後に控えるドイツW杯への期待が高まった。もちろん「あの中に入ったら楽しそうだな」、そうも思った。

トルシエさんには自分のサッカーを理解してもらうことが難しかったけれど、ジーコさんは違った。自分の持ち味をきちんと出してプレーをすれば理解してくれた。

代表キャップ「1」がついたのは11月20日、キリンチャレンジカップのアルゼンチン戦。

後半22分、0－2で負けている状況で、（小笠原）満男との交代で出場。初めてA代表のユニフォームを着て試合に出られたという喜びは大きかった。

ただ、よく「日本代表のユニフォームに初めて袖を通した瞬間はどう感じたか？」みたいな質問をされたけれど、正直に答えると「バタバタしていてあまり覚えていない」。

というのは、スタメンでなければ、はじめから自分のユニフォームは着ないから。ベンチにいる選手たちは、アップして試合がはじまって、途中出場する際にやっとユニフォームを渡される。そのときに「おお、日本代表のユニフォームだ」「自分のユニフォームがある！」という感慨が一瞬、湧いたくらいだ。背番号はたしか「18番」だった。

ピッチに入ってみると、嬉しさや楽しさよりも不思議な感覚が最初に襲ってきた。

ずっと『ウイイレ』などのゲームで操っていた、オルテガやベロンなどが目の前にいて、ゲームよりもよっぽど厄介でうまい選手だった。

ゲームはそのまま0－2で敗戦。とくに大きな仕事ができたわけでも、課題が克服できたわけでもない。ただただ「もっと長い時間プレーしたい」「次はスタメンで出たい」という欲が強く残っただけ。

袖を通した瞬間は覚えていないけど代表のユニフォームで戦えて嬉しかった

ワールドユースは同年代の選手だけのチームで気心も知れているメンバーが多かったが、フル代表は年代もキャリアもバラバラの選手が集まるため、チームとしての形を探っていかなくてはならない。刺激も強く、同時に難しさも存在したけれど、遥かに面白さのほうが勝った。

集まるたびに新しい選手もいるので「遠藤はこういう選手だ」と覚えてもらわないといけないし、相手のことも知らないといけない。

そしてそれは、試合のピッチに立つか立たないかで大きな差がついてしまう。代表に呼ばれること、そしてそこで11人に選ばれるために、何をすべきか。22歳から本格的に考えはじめた。

8

「名探偵コナン」
シリーズの中で一番好きな
『迷宮の十字路《クロスロード》』
が公開された

2003年

映画観て
聖地巡礼したなぁ

自分の武器となる「セットプレー」

2003年は多くのことが動いたシーズンだった。ガンバではこの年からセットプレーを任されるようになる。

小学生の頃からキックは得意で、下校時には石ころを蹴りながら帰っていた。ただ蹴るのではなく、ちゃんとイメージしながら。どこを蹴ったらどういう回転がかかってどっちに曲がっていくのか。石ひとつ蹴るにしても、予想したり観察したりしていた。

中学生になると、近所の壁でキック練習。その壁には、ちょうどボールサイズの排水孔が空いていて、そこを狙って延々とボールを蹴り続けていた。それを「努力」と表現する人もいるけれど、「努力」というと辛いことを頑張る感じがする。僕には「試合で狙ったところにフリーキックを蹴って決めたい」という目標があったので、それを続けることに辛さはなかった。結局、人間なんて「やりたくない」って思ったら継続できない。楽しいこと、あるいは楽しくなくてもその先に「直接フリーキックを決める」とか「もっとうまくなる」とか、叶えたい目標があれば続けられるのだと思う。

だからFK《フリーキック》を任せてもらえるようになってからも「今日は10本！」とか自分でテーマと本数を決めて練習していた。量という意味ではかなり少ないと思う。テーマとしては、落ちて曲がるボール、枠を外れてもいいからキーパーの手が届かないポイントを狙うボール、回転をかけずにまっすぐ飛ぶボールなど……。

大事なのはゴールに入るかどうかより、イメ

2003

ージに近いボールを蹴ることができること。そして、成功した感覚が体に残ること。さらにはその感覚を失わないことだった。

ＰＫに関しては新しい蹴り方をいろいろと試していた時期だったと思う。練習でディフェンダーの足のどっちに重心がかかっているのか観察していたことがある。例えばディフェンダーの右足に重心がかかっている場合は、右足のすぐ脇が狙い目だ。咄嗟《とっさ》には対応できないから。

「これってＰＫに応用できるかもしれない」

完全な思いつきだが、実際にキーパーの重心だけに集中して蹴ってみたら、インサイドのゆるいボールで、どれだけコースが甘くても余裕で入った。キーパーも体重がかかったほうはセーブできない。具体的にはキーパーの脛《すね》と脹脛《ふくらはぎ》の間、ソックスの動きというか傾きなどを見て、どちらの足に重心がかかっているか判断した。

キーパーが動かなかった場合は左右どちらかの端に蹴る。蹴ってからキーパーが反応して飛ぶと基本的には届かない。

「これ、ほぼ１００パー入るじゃん」

何度か練習して外さなかったので、次の公

ガンバでの背番号が「７」に。セットプレーを任され、その練習の中で「コロコロPK」が生まれたのもこの年。

式戦で試そうと決めていた。

ただ、これが後に「コロコロＰＫ」と呼ばれ、大きな話題になるとはまったく予想していなかった。

自分が決めたコースに強いボールを蹴り込むのと、キーパーの動きを見て逆に転がすのと、どっちがゴールできる確率が高いか、という単純な二択。そこで転がしたほうが入ると感じて選択しただけで、ＰＫの新しいオプションくらいに考えていた。

もちろんキーパーのちょっとした動きを感じられるだけの集中力と、ボールをほとんど見ずに蹴る技術と度胸は必要ではある。でも、効率を重視すると「これでいいじゃん」という結論に達した。

■日本代表としての本当のスタート

日本代表でも役割と立ち位置が少しずつ変わっていった。

前年の初招集からはコンスタントに呼ばれるようになり、５月の親善試合の韓国戦では途中出場。６月のパラグアイ戦では初めてスタメンでピッチに立った。

それまでのジーコさんの人選は２００２年ワールドカップメンバーや海外組がファーストチョイスで、国内組はどちらかといえばベンチに座ることが多かったのだけれど、その前のアルゼンチン戦で１－４と押し込まれての完敗を喫していたからスタメンを大きく動かしたのではないかと思う。

同じ国内組のツボ（坪井慶介）と「このチャ

2003

ンス、しっかりアピールしてモノにしよう」と気合を入れて挑んだパラグアイ戦。スコアレスドローではあったけれど、周囲とのコンビネーションも悪くなかったし、攻守の要所を押さえたプレーができた。

　アピールという意味で、僕の場合「自分の強みが伝わりにくい」ということは自覚していた。セットプレーという武器はあったけれど、流れているプレーではほとんどダイレクトか2タッチ、多くても3タッチくらいでボールをシンプルに動かしてゲームメイクしてきた。流れるようなボールタッチで3人抜くわけでもなければ、爆発的なスピードで最終ラインの裏まで進むわけでもない。ディフェンス面でも体を当てながらのゴリゴリのハードマークみたいなのは苦手だ。

自分のできることを最大限にやりチームに貢献したいと思っていた

　当然「アピールが弱い」と指摘されたこともある。だけど、できないプレーに無理して挑戦するよりも、自分の得意なことやできることを最大限やってチームに貢献できればいい。30メートルの距離をインサイドキックで一気に通すとか、テレビには映らないけれど二手三手先の展開を予測したポジショニングで相手のチャンスを潰《つぶ》すとか。20代中盤くらいからはそう考えていた。自分は「わかりにくい選手」でいい。

　サッカーというチームスポーツの中で、チームメイトから「遠藤がいるとボールを落ち着いて回せる」とか、「ヤットがいないとなんか疲れる」みたいな存在になりたい。そういった自分なりのイメージを持っていた。

同様にカメラマンたちにも、頻繁にポジションを動かすわ、ボールをすぐ離すわで「撮るのが難しい選手だ」と思われたりするのも嬉しい。

いずれにしても誰が見てもわかるヒーロー的な活躍をするというより、演出家がいい。陰でゲームを操っている存在。目立たないけれど、いないと回らない。そんな選手になりたかった。

そんなプレースタイルがジーコさんに響いたのかどうかはわからないが、ジーコさんは「ガンバでプレーしているときと同じように君の色を出してくれればいい」と、フランスで開催されたコンフェデレーションズカップの3試合、すべてスタメンに僕を指名した。

結果的には1勝2敗、グループリーグで敗退してしまったけれど、周囲との連携には一定の手応えを得ることができた。

とくにこの頃からは俊(中村俊輔)と近くでプレーすることが増えて相性の良さを感じた。おそらくサッカー観が似ているからだ。

■嫉妬を覚えた唯一の日本人選手・中村俊輔

「出せ!」という絶妙なタイミングで、言わなくても足元にボールを届けてくれたり、「ちょっと攻め急いでいる」と感じたときに横に一本はたいて間を取ってくれたり。そういった、記録には残らないが攻撃をスムーズにするパスの出し方や、ゲームのリズムの作り方が一致していた。タイムラグがないから一緒にプレーしていてムダがなく楽しい。

圧巻だったのは、フランス戦のフリーキックだった。確か、タカ（高原直泰）が前を向いたときに倒されて、割といい位置でフリーキックをもらった。

ボールをセットしながら俊と会話した記憶がある。

「ヤットのほうが狙いやすい？」

「うん、どっちでもいい。俊、蹴る？」

「じゃあ、蹴るよ」

短い会話だった。フリーキックは好きだけれど、別に「絶対に俺が蹴る」という強い主張があるわけではない。ゴールまでの距離や角度、その日のピッチの状態やボールタッチ、点差や時間帯やキーパーとの相性などを総合的に考えて「俺が蹴ったほうが確率高そうだな」と思えば蹴るし、それでも「蹴りたい」と主張する選手がいるなら「じゃあどうぞ」と譲る。技術もあって、しっかり準備している選手であればだけど。

「マジですごい」「かなわないかも」
俊に嫉妬を覚えたこともある

この日は俊が「蹴る」と言ったから譲った。ただそれだけのことだ。僕は助走してボールをまたいで俊に託すと、あいつが蹴ったボールは小さく鋭い弧を描いて、当時、世界でも

9月に行われたキリンチャレンジカップのセネガル戦。FK時に話し合う二人の姿が懐かしい。

三本の指に入るであろうフランス代表のGK（ファビアン・）バルテズの右手から逃げるようにゴールに入った。

「こいつ、マジですげーな」、素直にそう思った。キックの精度が自分より一段も二段も上だったのを痛感したし、「どんなに頑張っても、こいつにはかなわないのではないか」という考えが脳裏をかすめた。嫉妬と言い換えてもいいかもしれないが、日本人選手に対してそんな気持ちになったのは俊だけだ。

しかも、さらに15分後に、俊が決めた位置よりもう少し近い場所でFKを得て、僕はそれを蹴ったけれど、ボールはクロスバーを叩いた。割とイメージどおりのボールを蹴ることができたのに、やはり精度が足らなかった。

うまくいかない部分ももちろんあったが、

この年は代表で存在感を示せたと思う。

夏に東京で行われたキリンチャレンジカップのナイジェリア戦では、ダブルボランチを組んだイナ（稲本潤一）からのロングボールを足元に収めてインフロントで決めた。代表初ゴールだ。後から映像で見たときは「俺、なんであんな高いところにいたんだろう」という感じだったけれど、「嬉しそうだな、俺」とも思った。初ゴールにテンションも上がったが、試合後にシャワーを浴びてスタジアムを出たらもういつも通りだった記憶もある。興奮して寝付けないなんてことはなかった。

12月に首都圏で開催された東アジア選手権でも3試合でスタメンに名を連ねて、２００３年は11試合に出場しゴールも記録した。日本代表選手としてスタートを切れた年だった。

■支えてくれる家族の存在

プライベートでは結婚をして、長女も生まれた。奥さんは高校時代の同級生で、高校２年生の頃からずっと付き合っていた。彼女はバスケットボール部で寮に住んでいたし、僕の実家は遠かったので、デートらしいデートはしていない。当時は携帯電話もなくポケベルでやりとりをして、学校で話をしたり、近くの公園まで歩いて少し話して送っていったり。そのくらいの青春。一緒にプリクラを撮ったことはあるけれど、カラオケには行ったことはない。二人ともほぼ毎日部活があるし、遊びに行きたい気持ちがあっても時間がなかった。夏休みや正月も遠征で出ずっぱり。彼女が「お祭りに行きたい」と言っていたことを覚えている。

プロになってから「モテるでしょ」とか言われることが増えたけれど、実際にモテた記憶はほとんどない。ファンやサポーターに声をかけられることはあっても、〝モテる〟とはちょっと違う。人生最大のモテ期は9歳とか10歳の頃に体育や運動会で活躍したときかもしれない。

結婚をした理由もよく聞かれるけれど、「なんとなく」としか答えることができない。

高校のときから付き合っていて、ガンバに移籍してすぐに一緒に住みはじめたので、結婚したからといって何かが変わるわけでもないし、言ってしまえば婚姻届を提出しただけ。強いていえば、自然体でいられる関係性が楽だから、というのは大きな理由かもしれない。着飾ってどこかに出かけることもほとんどなかったし、ご飯を食べに行くのもほとんどが同じお店。カッコつけたりする必要がないのはありがたい。

でも、今改めて考えてみると、フリューゲルス消滅、シドニー五輪落選などと思い通りにいかないこともあったけれど、その度にネガティブにならずに「気にすることないよ」とか「いいことあるよ」と明るく笑ってくれていた。ときにはイジられたりもしたけれど、彼女のそういうところに救われてきた。そしてそれは今もずっと同じ。

ガンバでも代表でも役割が増え、多くの人に自分という選手を知ってもらえた。

日本代表での初スタメン、初ゴールを経験し、Jリーグではベストイレブンも受賞。家族も増えて、充実した1年だったと思う。

イチローさんが
メジャーリーグの
年間最多安打記録を樹立した

2004年

■海外組のプライオリティという壁

２００４年、日本代表には定期的に招集されるようになっていた。２年後に控えたドイツＷ杯に向けて予選も始まり、コンフェデ杯、東アジア選手権でボランチとしてまとまった出場時間を確保。ポジションも掴みかけている実感はあった。

しかし、実際に予選がはじまってみるとジーコさんがピッチに送り出すのはヒデさん（中田英寿）や俊（中村俊輔）、イナ（稲本潤一）、（小野）伸二といった、いわゆる欧州でプレーしている「海外組」の選手たち。国内での合宿や親善試合ではレギュラー組に入っていても、本番では結局控えにまわった。

もちろん選手の起用は監督が決めることだし、とくに代表の場合、限られた時間や試合数の中で、せっかく欧州から呼んだ選手を使いたい気持ちは理解できる。彼らはみんな高い技術を持っているし、僕が監督でも使うと思う。

でも例えば、Ｗ杯の予選があったとして、それに合わせて１週間前から合宿を組んでアウェーに向かった国内組と、試合の２日前に合流したばかりの海外組を比べたとき、どうしてもコンディションの差が生まれてしまう。それでも海外組が圧巻のパフォーマンスで快勝してくれるなら「さすがだ」と僕も納得するのだけれど……。この年のＷ杯予選の試合に限っていえば、明らかに海外組はコンディション調整に苦しんでいた。

ジーコさんの中に海外組のプライオリティや序列が存在するならば、選手としてどう捉えて動くべきか難しい問題だったので、一度だけ、ジーコさんに話をしに行ったことがある。スタメンで起用されるにはどうしたらいいのかと。

「守備の意識を高めてほしい」

「運動量を増やしてボールにもっと絡むべき」

正確には忘れてしまったけれど、そんな答えが返ってきた。どちらもやるべきことではあったけれど、それぞれの質を高めていったところで果たして海外組より優先されるかといえばわからない。

割り切るしかない。

それまで自分がしてきたプレーに、ある程度の自信や誇りはあるけれど、別に世界一になっているわけでもないし、国内でタイトルを獲ったわけでもない。自分はまだまだ成長しなければいけないのだ。

また、このときだけではないけれど、ポジションが確保されていないときや、うまく結果が出ないシーズンに「プライド」という言葉を使って質問されることがあった。

「試合に出られないことでプライドは傷つきましたか?」

「ボランチで四番手というのはプライドが許さないですよね?」

正直、返答に困った。試合に出られないこと

4月に行われた親善試合前の練習風景。スタメンに選ばれるため、悩みながらもアピールを続けた。

は喜ばしい状況ではないし、もちろん選手として積み重ねてきたものは存在するけれど、それを「プライド」と言い換えてしまうのは違和感があったからだ。

より多くなった他人からの評価
プライドなど持たずに努力するだけ

あくまで僕の意見だけれど、プライドというのは他人からの評価で生まれるものであって、僕は他人の評価を一切気にしていない。だからプライドという言葉にピンとこなかったのかもしれない。でも、もしそれが自分の成長を邪魔したり、目指すべき未来への妨げになったりするのならプライドなんていらない。

結局、誰かと比べられたとしても、調子が良くても悪くても、その日に自分ができる最大限のことをやって、いかにいい画《え》を描くかが重要。もしかしたらその日はいい画が描けないかもしれないけれど、どんな仕事だってできる日とできない日があるのと同じ。イメージどおりに動けなくても、その日の自分の100%が出せたなら「ああ、今日の自分はそれまでだな」と割り切って、しっかり翌日以降に備えるだけ。ただ、いい画を描く回数を増やそうという努力はやめない。そうやって日々を過ごすしかないし、そうしてきた。

プロになって7年目、自分の変化を挙げるなら、少しずつ気持ちがプレーに出るようになったことかもしれない。

プロに入りたての頃や、代表に選ばれたばかりの頃は、気持ちを前面に出してファイトすることを好む監督や先輩が多く、「もっと(プレッシャーをかけに)行け!」と言われることも度々あった。僕としては「熱くなって闇雲に追っても仕方がない、ここは待ちでしょ」と……。気持ちより技術を圧倒的に重視していたから。

でも、キャリアを重ね、多くの選手と共にプレーし、多くのチームと対戦すると、一定の熱量で気持ちを見せなければいけない試合もある。それは理解できた。

この頃で言えば中国でのアジアカップがそんな大会だった。今は勝つのが難しい大会になったけれど、日本は2000年大会で優勝していたこともあって、結果を求められていた。

しかし、超アウェーでの戦いを強いられた。

■大ブーイングに包まれたアジアカップ

開催都市のひとつである重慶やその近隣からスタジアムに集《つど》った現地住民の反日感情は強く、スタジアム中が日本の相手国(対戦国)ばかりを応援していた。自国の中国だけではなく相手国の応援をされるのも、国歌斉唱で『君が代』が聞こえないくらいのブーイングを受ける

味方のいない敵だらけのスタジアム
〝国を背負う〟という意味を実感

のも初めての経験で複雑だった。いろいろなモノがスタンドから投げ込まれ、試合が終わってもなかなかホテルに帰してもらえず……。でも

それがある意味で代表の重み。日本を代表して世界で戦うことの重さなのだと実感した。

ヒデさん（中田英寿）やイナ（稲本潤一）らが怪我などで合流できずにいたこともあり、ダブルボランチを組んだ福さん（福西崇史）と「俺たちがなんとかして結果を出さないと」と話していたのを覚えている。

福さんとのコンビでは、どちらかが前に出たら残ったほうがバランスを取る。シンプルな決め事で動けたのが良かった。僕も福さんも余計なことをせずにボールを捌くタイプだったからプレーにリズムが出て、試合をこなすごとにチームとして完成に近づいていった感覚があった。俊（中村俊輔）や（中田）浩二、玉田（圭司）あたりの同世代の選手も多く、プレーしやすかった。

■身に覚えのないレッドカードで一発退場

「これなら優勝できる」という手応えも感じながらグループリーグを突破して、準々決勝はＰＫ戦で（川口）能活さんの神がかったセーブ連発で勝ち、迎えた準決勝。バーレーン戦で僕は一発退場となった。

一発退場のレッドカードはあれが最初で最後。相手ディフェンスが寄せてきたので、近くにいる選手にボールを預けて前に進もうとしただけだった。

「相手選手の顔に肘が入った」

不可解な判定だった。一切触れていないのだから。相手選手はピッチに倒れ、レッドカードが提示され、当時はＶＡＲなどもなかったため、抗議が受け入れられることもなくピッチを去る

2004

しかなかった。気持ちとしては「チームに迷惑をかけて申し訳ない」という部分が大半で、明らかな誤審に対しては、もはや覆すことはできないので「仕方がない」としか思わなかった。僕の退場後、チームが逆転勝ちをしてくれたから「まあいいや」と思えたし、勝利を素直に喜ぶこともできた。

AFCアジアカップ2004優勝。退場はしてしまったけれど、日本代表の一員として大きな大会を戦い抜いて初めて得たタイトルだった。超アウェーでの大音量のブーイングも、大会期間中にポータブルDVDで観ていた海外ドラマ『24 -TWENTY FOUR-』も、はじめは強い衝撃を受けたけれど結果的にはいい思い出だ。

クラブでの戦いは、いい部分も悪い部分もあった。ガンバはファーストステージ4位、セカンドステージ3位の結果で、カップ戦がベスト8、天皇杯ベスト4と、成績としてはまずまずだった。

しかし、前線で得点源だった

アジアカップのバーレーン戦で、思わぬレッドカード。初の一発退場となってしまう。

マグロンが怪我をして途中で離脱すると、チームはターゲットを失い「さあどうする」という分岐点のようなところにいたと思う。

主将はツネさん（宮本恒靖）だったけれど、ゲームメイクに関しては僕が一番考えなければいけない立場だった。直接的にはあまり言われなかったけれど、西野監督からは「お前がやらなきゃ」という雰囲気も出ていた。

僕に大きな迷いはなし。スタイルをガラッと変えようと覚悟を決めた。前線にはオグリ（大黒将志）やフェルナンジーニョがいて、彼らには推進力もあったし足元にボールを収めることもできた。

最終ラインにも中盤にも技術の高い選手が多くて、彼らとボールを動かして前に進むサッカーは自分の得意としているものでもあった。試合や時間帯によっては選手の判断でそれぞれの配置を変えたりもしていたけれど、西野監督がそれを許すというか、選手を尊重してくれていたのも大きかった。

とにかく賢い選手が多く、パスサッカーで行こうと決めてから「これは楽しくなっていくぞ」と確信。チームが生まれ変わっていく過程はなんともいえないやり甲斐があった。

2点取られたら3点取ればいい。不安もなく、単純にそう思えたし、シーズン終盤に磐田や鹿島という黄金期を築いていたチームにも競り勝った。クラブ全体で明らかに「来シーズンは勝負できる」という共通認識があった。その後、タイトルを獲得することができるけれど、思い出深い、手応えの大きいシーズンといえばこの2004年が真っ先に浮かぶ。

武豊さんが
ディープインパクトで
クラシック三冠を
達成し感動した

2005年

この年、ガンバも
初優勝したなぁ

■もどかしいポジション争い

W杯を翌年に控えて、僕は割り切った。

アジアカップを主力として戦って、国内での親善試合やW杯予選にコンスタントに出場できても、やはり海外組が合流する試合や欧州遠征などでは出番が奪われてしまう。その繰り返しだった。

中盤の選手でジーコさんが持っていたファーストチョイスはヒデさん（中田英寿）や俊（中村俊輔）で、そこに（小野）伸二やイナ（稲本潤一）や福さん（福西崇史）がいて、（小笠原）満男や（中田）浩二や僕がいる。当時から客観的にそんな序列だろうなと捉えていた。

平等にチャンスが与えられるべきという意見もあるけれど、ポジションなんて基本的には競争だし、序列はあって当然。監督の好みも、選手同士の連携やコンディションもある。納得というより、状況や自分の立ち位置を理解していたという感じ。

「ポジション争いしんどそうですね」と言ってくれる人もいて、「そうですね、レベルが高くて」と応じたこともあったけれど、レベルの高い選手の中に身を置けるのはサッカー選手として幸せなこと。一方ではもちろん、試合に出られないことがもどかしかったし、悔しかったけど……。

でも、きっとそれも含めて日本代表なんだと思う。そんな簡単に11人の一人としてピッチには立てない。

だから僕は、今年は試合に出られなくてもいい、まずこのチームに残ってドイツ行きの23人に入る。そう割り切って考えることにした。

決してそのためにポジションを諦めるわけではない。むしろ試合に出られない時間に、どうしたらこの人たちを上回ることができるのか、負かすことができるのかを考える。W杯に出るための時間なのだと、モチベーションが下がることはなかった。

選ばれても簡単にピッチには立てないそれが〝日本代表〟なんだと実感した

■「楽しむ」サッカーがもたらした初優勝

ガンバの2005年シーズンは決していいスタートではなかった。

開幕節はホームで大宮に負け、第2節はアウェーで鹿島に引き分けている。第3節のホームでの川崎戦で初勝利を収めたが、その後も勝ちきれない試合が続いた。

しかし、チームに焦りや不安は不思議となかった。

このシーズンからリーグ戦はファーストシーズン、セカンドシーズンといった前後期制（2ステージ制）ではなく、1ステージ制となり、18チームが全34試合の勝ち点合計で優勝を争うシンプルな方式に変わった。ガンバにとってその変更は大きかったと思う。目先の勝ち点も大事ではあるけれど、34試合を終えた時点で一番上にいればいい。毎節毎節の順位にとらわれずに楽しい攻撃的なサッカーがしたかった。

前線にはアラウージョとフェルナンジーニョがいた。アラウージョは器用な選手でパスもシュートもディフェンスも高いレベルでこなせた。

フェルナンジーニョはドリブラーなので、若干こねすぎだなという場面もあるものの、それがうまく攻撃のアクセントとして働いてくれた。ときどき、守備をサボることもあったけれど、西野監督はブラジル人選手にも強く要求する人なので、大きな問題にはならなかった。

とにかくボールが最前線までよく届いていたのでオグリ（大黒将志）や、スーパーサブ的な存在だった（吉原）宏太君も含めアタッカー陣は「来たら決めればいいんでしょ」くらいの気持ちでプレーしていたはずだ。

中盤にはフタ（二川孝広）やハッシー（橋本英郎）がいて、（山口）智もボール回しに多く入ってくれた。前シーズンから人とボールがしっかり連動して動いていて、打ち勝つ試合が増えたように「1点、2点取られても4点、5点取り返せばいい」「オープンな試合になれば負けない」チームとしてそんな自信が持てていた。

そのぶん、キーパーの松代（直樹）さんをはじめ、シジクレイやツネさん（宮本恒靖）、實《さね》好《よし》（礼忠《のりただ》）さんなどディフェンス陣は大変だったと思う。5−3とか3−3、2−4、7−1などというスコアが並び、リーグ戦34試合中無失点で終えたのは2試合のみ。勝つことが絶対条件の最終節も勝ったとはいえ2失点だった。

セレッソ、浦和、鹿島、千葉、そしてガンバの5チームが優勝の可能性を残してひしめき合った最終節。僕たちガンバが勝利を手にし、Jリーグを制したときは「やっと優勝できた」と感慨深く、そしてなにより攻撃的な一番楽しいサッカーで優勝できたことへの満足感があった。それは、この当時の選手やスタッフの誇り。語り継がれるような内容の濃いシーズンだったと思う。

■ビッグクラブとしてのスタート

僕はガンバに入団して5シーズン目、もっと昔からいる選手や関係者の中には泣いている人もいて、当たり前だけれど「タイトルを獲ることって大人を泣かせるくらい、すごいことなんだな」と実感した。

入団4年目にして手に入れたビッグクラブとして必要なタイトル

僕が加入した2001年の頃、ガンバはまだタイトルを持っていないクラブだった。世界には「ビッグクラブ」と呼ばれるサッカーチームがあって、世界的なスポンサーがつき、移籍市場に大きな影響力を持ち、何十万人～数百万人もの会員がいる。「ビッグクラブ」の基準となる物差しはいくつかあるけれど、僕は「トロフィーの数」だと思っている。

Jリーグでいえば、それまでヴェルディや鹿島、ジュビロや横浜F・マリノスあたりがそう呼ばれてきた。やっぱり強くないといけ

ガンバ大阪が念願の初タイトルを獲得。センターの遠藤の様子から喜びの大きさが伝わってくる。

ないし、その強さの証としてタイトルがないといけない。

これは個人的な意見だから反論もあって当然なんだけれど、僕はサッカーには〝格差〟があったほうがいいと思っている。

例えばレアル・マドリードやバルセロナ、バイエルン・ミュンヘンなど、クラブハウスにいくつもトロフィーを並べるチームには、お客さんも入るしお金も集まる。もちろん選手の給料も変わってくる。お金をかけたチームが強くなるのは、競争していれば当然のことであって、悪いことではない。

だから、ガンバがその最初の一歩を踏み出せたという意味では、まあまあ時間はかかってしまったけれど大きな出来事だった。と同時に、来季以降も、タイトルに絡み続ける強いチーム

2005

でなければいけないとも考えていた。

■どうしてもやりたかったビールかけ

試合後、ビールかけで祝ったのもいい思い出だ。ビールかけは選手たちからの強い要望だった。5チームに優勝する可能性が残っていたこともあり、クラブ側は当初、「優勝しなかったら、そのビールはどうするの？」という冷静なスタンスだったけれど、要望を受け入れてくれたおかげで生まれて初めてのビールかけをエンジョイした。

鹿島や磐田で「ビールかけをした」という話は聞いたことがない。僕の記憶では、Jリーグでは自分たちが初めてだった気がする。最高の気分だった。

ヤマザキナビスコカップ準優勝でJリーグは初優勝。クリスマスイブの日にベスト8で負けて天皇杯は終わってしまったけれど、念願の初タイトルと、来季もやれるという手応えと自信を得て2005年が終わった。

負けて終わったのは悔しかったけれど「これでしばらくサッカーやんなくていいや」と安心するくらい、疲れはしたけれど充実した1年だった。

最高の気分でのビールかけ
Jリーグでは僕たちが初だったかも

日刊スポーツ/アフロ

「Wii」のダンスゲームで踊りまくった

2006年

トリノ五輪で
荒川静香さんが魅せた
イナバウアーは
すごかった

■1ヵ月で4ヵ国、過密日程も楽しい日々

W杯イヤーの2006年はとにかく慌ただしくはじまった。

年が明けてガンバのキャンプに参加してから、日本代表の遠征でアメリカ西海岸へ。2月10日にアメリカ代表との試合に出場したのち、帰国して18日には静岡でキリンチャレンジカップのフィンランド代表戦でベンチに入り、翌週22日にはアジアカップの予選であるインド代表戦にも途中出場した。

インド戦から3日後の25日に行われるゼロックス杯（スーパーカップ）のためにガンバに合流し、フル出場したのちに日本代表の欧州遠征に参加。28日にドイツでのボスニア・ヘルツェゴビナ代表戦にベンチ入りした。

さらに帰国してすぐの3月の第1週には2006年のJリーグが開幕し、翌週の水曜日にはACL（AFCチャンピオンズリーグ）を韓国で戦った。

1ヵ月で4ヵ国を巡る過密スケジュールで、移動の疲れや時差ボケについて多くの人が心配してくれたけれど、動いているのはまったく苦ではなく、むしろ行ったことのない国や知らない土地に行くのが楽しくて仕方なかった。

移動中は本を読んだりDVDを観たりしていたし、眠たくなったら寝ればよかった。寝ると翌日の体調管理が厳しくなりそうなときは、機内をゆっくり散歩したりして自分なりに調整していた。移動や時差ボケ、連戦などに関しては耐性があるほうだと自覚している。

また、日本代表のときは、渡航先で試合に出

2006

られず悔しかったりやりきれなかったりもしたけれど、チームメイトは20代中盤や後半の同世代も多く、それなりに愚痴を言い合ったりしてうまく過ごしていた。

■唯一のルーティン「シャワータイム」

僕はこのとき26歳になっていて、もう若手ではなかったけれど、まだベテランでもない、中堅の立ち位置だったと思う。それなりにプレースタイルや個性も認められてきていたので、クラブでも代表でも自由を与えられていた。

そのひとつにハーフタイムのシャワーがあった。正確には覚えていないけれど、2003年か2004年くらいから、元々は試合で熱くなった体を冷やすためにはじめたことだ。浴槽があるスタジアムでは風呂に入ることもあったけれど、リカバリー用の水風呂に入ると筋肉が硬く縮んでしまうので、ぬるめに調節。逆に寒い冬場は適温の風呂に浸かって熱いなと思ったら水風呂に入る。そんなことをしていた。

時間的には15分のハーフタイム中5分程度だけれど、メンタル的にもリセットできるし、単純に風呂に入ったりシャワーを浴びたりすることは気持ちがいいので、ホームでもアウェーでも続けた。ACLなどで中東に行ったときはスタジアムの設計や選手の動線などでできないこともあったけれど、それ以外はガンバでも、後に移籍するジュビロでも、代表でも習慣になっていた。

「怒られたりしませんでした?」と聞かれたけれど、チームメイトにも監督にもやめろと言われたことはない。むしろ「僕もやってみよう」というハーフタイムシャワー派が徐々に増えていったくらいだ。

どちらかといえば国内のスタジアムのシャワールームのほうが充実している。フロンターレの等々力競技場（現Ｕｖａｎｃｅとどろきスタジアム）は一人用の風呂があってそれに入るのが楽しみだった。

アメリカのスタジアムのシャワーは遠近感がおかしくなるレベル

海外はどちらかといえばシャワー文化なので「このスタジアムすごいな」と思ってもシャワールームはそうでもないというパターンも多かった。一番、衝撃的だったのはこの２００６年に行ったアメリカ遠征、サンフランシスコ・ジャイアンツの本拠地・ＳＢＣパーク（現オラクル・パーク）のシャワーだ。メジャーリーガーのサイズに合わせているからだろう、シャワーヘッドの位置が２メートルを遥かに超えていて、遠近感が狂いそうだった。

■なんとかメンバー入りしたドイツＷ杯

５月15日、ドイツＷ杯に挑む23人の日本代表選手が発表された。

正直、「厳しいかもな」という自己評価だった。２００６年に入っての親善試合、メンバー発表直前のキリンカップ２試合にも出てはいたが、

2006

ボランチとしての序列はせいぜい四番手から五番手くらいだろう。だからジーコさんの口から「エンドゥ」の名前が出たときは「ラッキー」や「生き残った」が正直な感想だった。

これで目標のひとつであるW杯に行ける。それは素直に嬉しいし、23名には坪井（慶介）や加地（亮）、タカ（高原直泰）がいた。中盤7人はヒデさん（中田英寿）と俊（中村俊輔）福さん（福西崇史）のほか、（小笠原）満男、イナ（稲本潤一）、（小野）伸二など同世代の名前が並んだ。誇らしかったし、このメンバーが実力通りにサッカーをすれば、日韓大会のベスト16を超えられるかもしれないとも思った。

ジーコさんが「エンドゥ」と言った瞬間生き残った……と、ホッとした

ただ、結果論になってしまうけれど、チーム作り、とくに代表チームの最終調整は難しかった。

開幕直前、レーバークーゼンで行われたドイツ代表との親善試合を2－2で終えた。クローゼ、バラック、メルテザッカー、ポドルスキ、シュバインシュタイガーといった世界的名手に競り負けずに打ち合い、タカが2ゴールを挙げ、本番直前の日本代表に手応えと自信をもたらした。

これで準備は整ったはずだったが、ドイツ戦から中4日で組まれたマルタ代表との試合は1－0という辛勝。失礼な表現かもしれないが、マルタ代表は明らかに格下のチームで、

強化というより連携の確認や調整が主目的の試合だったはず。大量得点とまではいかなくても快勝して本番に向かう。そんなイメージだった。それを遂行できずに小さな歯車がひとつ噛み合わない嫌な感触がチームに残ってしまった。

僕はどちらの試合も出番がなかった。

初めてのW杯が開幕するワクワク感はありながら、自分にも出るチャンスはきっとあるという期待と、はたして出番はあるだろうかという不安を抱いていた。少なくともスタメンでないことは明確だったから、ある意味では落ち着いてチームを眺める余裕があった。

グループF、ブラジル、クロアチア、オーストラリアと同じブロックになった日本は、とにかく初戦のオーストラリア代表から勝ち点を獲得しないといけない。

そのオーストラリア戦は、俊のゴールで先制して「いける」と感じながらもオーストラリアのサイズを活かしたパワープレーに徐々に押し込まれた。ディフェンスラインはよく凌《しの》いでいたが、問題は跳ね返したボールを拾えないことだった。結果、後半終了間際に3点を失い、ダメージの残る負け方をした。

勝ち点3が必須となってしまった続くクロアチア戦は、それまで取り組んできた3バックから4バックに変更しメンバーも入れ替えて臨んだが、スコアレスドロー。ブラジル代表とのグループリーグ最終戦では玉田（圭司）のゴールで先制して戦う姿勢を見せることはできたけれど、1－4で敗北。地力の違いを見せつけられた。

■「強さ」の正体とは……

23人のメンバー発表から38日、善戦したドイツ代表との親善試合から23日。希望を持ったチームが戦術もメンバーもこれまでしてきたサッカーも変えて挑んだのに、瓦解《がかい》していくのはあっという間だった。

ファンやメディアはジーコさんや特定の選手に責任を押し付けようとしていた。過度の誹謗中傷はもちろんいけないけれど、責任の所在を問うこと自体はプロであり日本の代表チームなのだから当然のことだ。

僕が感じたのは最少で3試合、最大で7試合、1ヵ月前後の短期決戦を戦うチームを作るのは並大抵のことではないということ。対戦したブラジルもそうだし、イタリア、フランス、ポルトガル、イングランド、ドイツといったトーナメントに残った競合は、イメージどおりに試合を運べなくて流れが相手に傾いたとしても、その悪い状況の中で修正しながら戦い、最低限の結果は出していた印象だ。

それが「強さ」の正体なのかもしれない。

そして彼ら選手の個の技術はもちろんだが、国としての歴史や経験にも裏打ちされていたように思う。

過去に2度出場しただけの日本は、悔しいけれど選手も監督も協会もファンもW杯はまだ初心者で、そこにたどり着いた経験はあっても、そこで勝つ準備も戦術も経験もすべてが足りていなかった。

〝たられば〟になってしまうけれど、例えば親善試合のドイツ戦とマルタ戦の順番が逆だったら、3試合を通して3バックで戦う選択をすれば、また違う結果が待っていたかもしれない。

■もどかしさで終わったドイツW杯

結局、僕は試合に出られなかった。招集された23人でW杯のピッチに立てなかったのは（楢﨑）正剛さんと土肥（洋一）さんと僕の3人で、フィールドプレーヤーとしては僕だけだ。悔しく、苦しく、もどかしい思いもあるけれど、だからこそ4年後の南アフリカ大会では主力としてプレーし、日本代表を軸の太いチーム

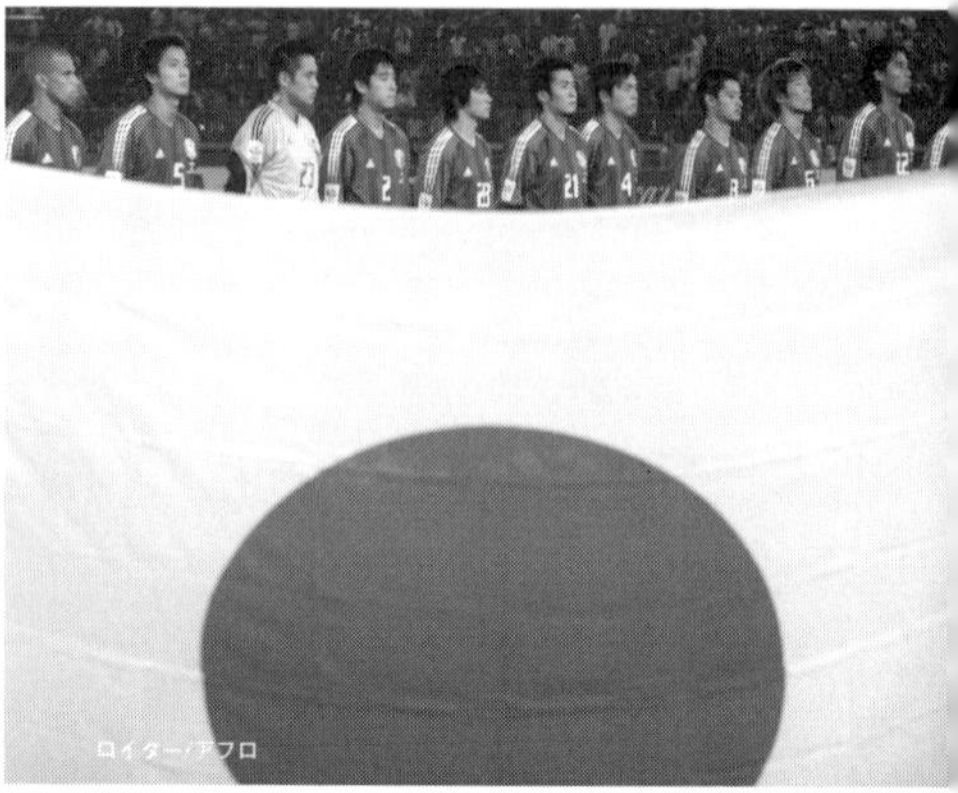

2005年のW杯アジア最終予選で、出場決定第1号となったジーコジャパン。遠藤は、今度こそ出場したいと意気込んだ。

ドイツW杯、日本戦のベンチの様子。この時遠藤は、すでに4年後の南アフリカW杯へ気持ちを切り替えていた。

2006

にして、そこで勝つ。そんな、より強く具体的な目標も生まれた。

ただ、誤解はしてほしくない。僕にとっての初めてのW杯は、ピッチに立てずに終わってしまったけれど、決して苦く辛いだけの舞台ではなかった。

■「26歳でW杯初招集、30歳でW杯初出場」それも悪くない

初めてのW杯。それは初めて自転車に乗れて世界が広がる感覚や、なかなか予約できないレストランにやっと行けた満足感、その喜びを何百倍にした感じだろうか。

ボンというドイツ西部、ライン川沿いの静かな街のホテルに滞在し、試合に向かう道は通行止めにしてチームバスを白バイが先導してくれて、その道の両側には日本と相手国のサポーターが国旗を振って歌っていた。

満席のスタジアムは大騒ぎだけれど国歌斉唱のときはサッと静かになる。あの瞬間には鳥肌が立ったし、テレビをつければ必ずどこかの国の試合が放送されている。ドイツ代表が勝った日は、一日中街中でクラクションが鳴っていた。そんなに珍しい光景ではないのに、すべてのことが特別に感じられ、記憶に残っている。

30歳で、南アフリカで、初めてW杯のピッチに立つ。そんなシナリオも悪くない。

日本からドイツへ出発するときは多くのファンが空港まで見送りに来てくれたが、帰国時はほとんど誰もいなかった。マスコミ陣も少なく、とても静か。「結果って大事なんだ」と思い知

らされた。

一方で、W杯の効果や影響というのはやはり大きく、ガンバからはツネさん（宮本恒靖）、加地（亮）、僕の3人を代表に送り出したおかげか、再開されたリーグ戦ではいつもより多くの観客が入った。

その点でもW杯というコンテンツの強さを改めて実感したし、世界が注目するお祭りなんだなと思った。

ガンバではこの年からミョウさん（明神智和）と中盤で一緒にプレーすることになった。僕はとにかくわかりやすくて、横で戦いつつ、球離れがよくて余計なことはしない選手との相性がいい。

ガンバでいえばファビーニョというブラジル人選手がその筆頭だった。10番をつけていたけれど、サポーターですらあまり覚えていないかもしれない。２００２年に1シーズンだけ在籍した選手だ。

ザ・ブラジル人ボランチという感じでボールをガンガン狩ってくれるし、とにかく無駄もミスも少なかった。ボールを奪ってシンプルに近くにいる選手に預ける。僕が攻撃の起点になりやすい状況を作ってくれた。

しっかり話したことはほとんどなかったけれど「僕が守ってやるから好きにしろ」って感じがプレーから伝わってきた。あんな潰れ役に徹してくれる10番を背負ったブラジル人はなかなかいないだろう。

このシーズンも、ミョウさんを加えた中盤は厚みを増していいパスサッカーが継続できた。成績も悪くなかった。

しかし僕はといえば、10月にウイルス性肝炎で2ヵ月の離脱を余儀なくされた。

日本代表の監督がジーコさんから（イビチャ・）オシムさんに代わって、アジアカップの予選でインドに向かう3日前。頭痛がして微熱が出て倦怠感があった。インドに着くと熱が上がって、リンパ節や内転筋などこれまで痛みのなかった箇所が腫れ、痛み出したためトレーナーに相談して、とにかく試合は欠場した。

■選手生命に関わるといわれたウイルス性肝炎

日本に帰国して少し休めば回復するだろう。そのときはまだ「風邪のひどい版」くらいに楽観的だったが、熱は下がるどころか40度まで上がり、病院で検査をするとウイルス性肝炎の診断が下された。即入院。

とはいえ治療は「とにかく安静」しかないらしく、「今シーズンの復帰は無理だろう。中途半端にしておくと慢性化するし、最悪の場合は選手生命に関わる」という説明がされた。

普通、こういったときの気持ちは「チームのみんなに迷惑をかけてしまった」とか「家族は心配しているだろうな」とかなのだろう。でも正直、40度の熱に冒された頭では何も考えられず、ベッドの上でゼェゼェ状態。荒い呼吸で「めっちゃしんどい」と何度も繰り返しながら、寝ているだけだった。

2週間を過ぎたところで体はだいぶ楽になってきたけれど、肝臓の数値が安定せずに退院の目処は立たなかった。脚はどんどん細くなっていくのに筋トレはNG。ゴムのチューブを使って下半身を少し動かす程度だった。

とにかく暇。人生でいちばん暇だった。やることのない時間がこんなに苦しいとは。「こんな生活、嫌だ」と家族に愚痴ったり、「ラーメン食べたい」とわがまま言ったりもしたけれど、そのときの病状はそんな呑気でいられないくらい深刻で、肝臓も異常な数値が続いていたらしい。

3週間くらいしてようやく熱が治まり、病院の敷地内なら散歩していいという許可が出た。「日光に当たるのってこんなに気持ちいいんだ。太陽って素晴らしい」と感動したのを覚えている。

11月になり退院。少しずつ体も動かせるようになってはいたけれど、チームは優勝争いをしている中で僕はグラウンドの隅のほうでリハビリ。それはそれでメンタル的にしんどかった。肝機能の数値が改善しないと試合には出られないから、「なんとかして出たい」という気持ちを「焦っても仕方ない」という気持ちで押さえ込む日々だった。

最終節のレッズ戦、3点差以上で勝てば優勝という試合で途中出場はできたけど、結果は2－3、チームは6ポイント差で負け、連覇を逃してしまった。

やはりW杯イヤーということもあり、いつもよりも疲労が溜まっていたのだろうか。2006年は過労の年で、体的にも精神的にも、良くも悪くも刺激の多いシーズンだった。

2006

月9
『プロポーズ大作戦』が
大好きで
毎週観ていた

2007年

「明日やろうは
バカヤロー」って
セリフには共感したなぁ

■共感できる監督との出会い

日本代表の監督がジーコさんから（イビチャ・）オシムさんに代わった。

オシムさんの目指すサッカーは、かつて監督を務めたジェフ（ユナイテッド市原・千葉）との対戦時に「よく走る」という印象を受け、ジェフの主力、いわゆる〝オシムチルドレン〟と呼ばれていた選手も走力をストロングポイントにしていたので、「僕は呼ばれないかもな」というのが正直な感想だった。

それでも代表に呼ばれて行ってみると、羽生（直剛）や阿部（勇樹）ちゃんといった、これまでに代表にいなかった選手がいたり、異なった何色ものビブスを選手に着せてパス回しをしたりと、新しいチームが動き出した実感を与えてくれた。

トレーニングは「やっぱり走るメニューが多いのかな、嫌だな」と思っていたら、やっぱりその通り。ランが伴うものは多かったけれど、オシムさんは「常に考えながらプレーすること」をチームに課していた。

例えば、数色のビブスを使ったパス回しも「試合って（自分たちと相手の）2色しかないんだけどな」と思わないこともなかったけれど、とにかく選手に考えるクセをつけさせる狙いがあったのだと思う。

ランニングにしても闇雲に走らせるのではなく、「ここで自分があのスペースに移動したら、チームとして何が狙えるか」「ひとつ高い位置をとることで相手が自分を危険な存在と認識するのか」という感じで、〝具体的にイメー

自分と同じサッカー観を持つ監督オシムさんは僕にオプションをくれた

ジしながら走る〟ことを前提としたコーチングが多く、その言語化が上手なのも印象的だった。

また、「走るサッカー」というイメージが強かったけれど、ボールの動かし方についても細かく注文された。

プロ1年目に（カルロス・）レシャックさんが「選手は走ると疲れるが、ボールは疲れない」と言っていたが、オシムさんもまた「選手よりもボールを走らせればいい」と言う。自分も同じ考えだったので、共感できることが多かった。そんな中で、ランニングの質についてはかなり考えさせられたことを覚えている。自分にオプションを与えてくれた監督の一人だ。

それだけにオシムさんが脳梗塞で倒れてしまったのは残念なことだった。

およそ1年半に満たない時間だったけれど、オシムさんが4年かけてどんなサッカーをしたいのか、理想の形がどのようなものなのか、そのイメージの輪郭が見えはじめてきた頃だったから。

■代表でも背負うことになった「7」

この年から代表の背番号もガンバと同じ「7」になった。

といっても別に自分で決めたわけじゃない。当時はなんとなくだけれど、代表でも所属クラブと同じ番号をつける流れがあって（中村）憲剛が14をつけたり、（中澤）佑二が22をつけたりしていていた。「7」はちょうどヒデさん（中田英寿）がドイツW杯後に引退していたから空いていていて「じゃあつけよっかな」というだけ。とくにそこに意図もエピソードもない。

もちろんヒデさんの後なので軽くはなかったし、世の中のイメージはヒデさんの番号ということは理解していたけれど、2～3試合「7」をつけてプレーしていたら、もう忘れていた。

基本的に背番号にこだわりはない。小さい頃から10番をつけていて、高校時代は10と7。フリューゲルス時代が27で、サンガで14。ガンバに移籍して30をつけたけれど、移籍1年目は19だったらしい。人に指摘してもらわないと思い出せないくらいだ。ずっとレギュラーで出ていたこともあって3年目のシーズンの2003年からは7番をつけることになったけれど、それも当時の強化部長に「7が空いているよ。つけたら？」と言われて「じゃあそうします」という感じ。自分で数字を選んだことはない。

一度だけ、いつだったか忘れてしまったけれど、「1」をつけたら面白いかなと思い、クラブの人に聞いたことがある。「さすがにアカン」と軽く怒られた。

はじめはただ空いていたから 今は愛着のある背番号「7」

ずっと7番をつけていて愛着はあるけれど、番号でプレーが変わるわけではないから、結局のところ何番だっていいのだ。

僕がジュビロに移籍してからずっと空いていたガンバの「7」。2023年から（宇佐美）

貴史がつけている。本人から「つけていいですか？」と連絡をもらい、僕は「どうぞどうぞ」という感じだった。〝何番でもいい〟と思っていた背番号だけれど、貴史が引き継ぎたいと思ってくれたことはとても嬉しかった。

■最高の仲間であり、最強のライバル

気づけば代表メンバーも若い選手が増えていて、年齢的にも上から数えるほうが早い選手となっていた。

「世代交代」や「若返り」みたいな言葉が聞こえてくる中、1998年や2002年のW杯に呼ばれず、2006年ではピッチに立てなかった僕は「遅咲き」と形容された。

それは観るファンや書くメディアの自由だ。なんら否定するつもりはない。

でも僕たち「黄金世代」と呼ばれる世代の選手は、本当に自分たちが最強の世代と信じて疑わない。とくに足元の技術、狙ったところにイメージどおりにボールを運ぶ技術は高い。

もちろん今の若い選手も技術は高いけれど、生まれたときにはもうJリーグがあって、日本代表はW杯に出るのは当然で、試合の多くは芝生のグラウンドで行われてきた。技術の基盤をつくるのに環境は整っている。

でも、僕たちはデコボコの土のグラウンドでサッカーをはじめて、中学生のときにやっとJリーグができた。この10年の差、とくに育成年代の10年は大きいと思う。恵まれた環境下でサッカーをはじめることができて羨ましいなあという気持ちよりも、荒れたグラウンドでプレー

11月、ナビスコカップで川崎フロンターレを下し、優勝を決めたガンバ大阪。

代表でも「7」を背負うことになった年。写真は10月に行われたエジプト戦。

することが当たり前の環境で続けてきたからこそ、プロに入って、どんなコンディションのピッチに当たっても慌てずにサッカーできているという自負もある。うまく言えないけれど、ボールハンドリングよりも「サッカーがうまい」選手が揃った世代だ。

だから常に彼らは最高の仲間であって、最強のライバルでもあった。

初めて世代別の代表に呼ばれたときや、1999年のワールドユースあたりまでは、同世代で同じ中盤に（小野）伸二やイナ（稲本潤一）がいるのは、自分のプレーするチャンスが少なくなる可能性があるから嫌だった。「とんでもない年に生まれたな」と嘆いたこともある。とくに伸二は清水商業時代から注目されていて、レッズに入って、18歳でW杯に出場するなど実力も結果もずば抜けていた。

でも、サッカー人生の中で彼らと接していくことで、「どうにかして彼らを上回らないといけない」という気持ちが芽生えた。もう少し正確に言えば「彼らより優れた自分の長所を活かしてピッチに立ちたい」という決意だ。

テクニックでは伸二に、フィジカルではイナには敵《かな》わない。そこをしっかり受け止めたうえで自分の土俵で勝負する。そう割り切ると、彼らが欧州で活躍する姿を見ると単純に「すげえな」と感心できたし、応援する気持ちになった。

逆に言えば、サッカーのうまい選手が多い世代に生まれたことで、常に「どうしたらあいつらよりうまくなれるんだ?」と考えることが当たり前になって、それが努力に繋がり、成長できた。この世代に生まれていなかったら自分はどんな選手になっていたのだろう。ときどき、そんなことを思う。


この年はアジアカップを戦い、欧州にも遠征に行き、代表キャップが50試合を超えた。

数字や記録は、基本的にメディア関係者が教えてくれる。おそらく嬉しかったはず。「このまま主力でプレーできれば、年間10~15試合とすると2010年のW杯くらいで100に届くかな」と考えていたことがあった。

ガンバはリーグ戦では前年と同じく3位に終わったが、ヤマザキナビスコカップ(現YBCルヴァンカップ)を獲ることができた。代表でもチームでも主力となってプレーでき、いい流れに乗ることができた1年だった。

adidas
JAPAN

『AB型
自分の説明書』を
「あるある」と楽しんだ

2008年

■代表戦・リーグ戦ともにフル出場の過密日程

2008年序盤は（イビチャ・）オシムさんからチームを引き継いだ岡田（武史）ジャパンの試合が続いた。

チリ代表、ボスニア・ヘルツェゴビナ代表とのキリンチャレンジカップ、2010年の南アフリカW杯3次予選、さらに東アジア選手権の6試合で僕はフル出場した。

岡田さんはオシムさんの人選や戦術をある程度受け継ぎながら、ピッチにいる11人の能力を引き出し、チームを構成していた。

そして、例えばW杯3次予選のバーレーン戦で負けるなど、結果が出なかったら大胆にチームを変えていく。まずは守備面で最終ラインを高く保ち、攻守の切り替えとプレッシングで勝負できるチームを目指す。方向性は理解できていた。

ガンバはリーグ戦に加え、ACLに挑むシーズン。グループリーグからタイ、韓国、オーストラリアなどのアウェーの試合が続いた。過密日程ではあったけれど、コンディションは悪くなかったし、試合前々日に着いて前日に練習して試合、というスケジュールでも体は動いた。

週末のリーグ戦に加えてACL、そこに国際Aマッチとかも重なると週の半ばにも試合が増えて、1ヵ月で6試合とか7試合なんていうスケジュールも普通。いくつかのクラブは、ターンオーバーできるくらいの戦力を整えはじめていた頃だった。

2008

僕は連戦に辛さを感じることはなく、むしろ好きだったし、基本的には全部の試合に出たかった。

アジアのスタジアムに行けるのもそれまでは代表戦だけだったので、各国のクラブのスタジアムはどこも興味深かった。スタジアム内の雰囲気も、国によって応援の形や熱量が全然違う。

そんな中で「Jリーグ」というものが、アジアのリーグでトップレベルであることを実感。中国や韓国、中東のクラブにも強いチームや大きな予算があるクラブ、結果を残してきたクラブはたくさんある。しかし、サポーターの振る舞いまでを含めると……。Jリーグは全体的に見てスマートだと感じた。

もちろん、Jリーグもすべてのサポーターがスマートだとは断言できない。問題だって起こるし、リーグとして取り組み続けないといけない課題もいくつもある。「もうちょっとサッカーそのものに目を向けてほしい」と複雑な気持ちになるときも。

でも、ホームに帰り、苦しい時間帯に僕たちを盛り上げるために応援を続けてくれるサポーターの声を聞くと、「帰ってきたんだ」「俺たちのホームなんだ」と感じるし、それがありがたく、誇りに思う。

■成しえなかった「五輪」への出場

この年、夏にはオーバーエイジで代表チームに招集され、北京五輪に出場するチャンスもあった。

僕が子供の頃、最初にインパクトを受けたのはW杯ではなくオリンピックだった。記憶が正しければ、それはカルガリー五輪の冬季大会で、どの選手がメダルを獲ったかまでは覚えてはいないけれど「すげえ盛り上がりだ」「これって、でっかい大会なんだろうな」と子供心に興奮した。

個人的にはワールドユースもW杯も経験できたけれど、五輪はシドニーでスタンド観戦をしただけ。悔しい思いをしてきた分、なんとか出たい。五輪の舞台を経験したいと思っていた。

オーバーエイジという、いわゆる「助っ人」として呼ばれたからには、短期決戦の五輪を前にして「チームにフィットする時間が必要だ」などとは言っていられない。事前に〝予習〟した。何試合分かの映像をもらって、しっかり観た。その程度と思うかもしれないが、これは自分にとってはかなり珍しいことだ。

映像を観ていると選手の動き方がわかってくる。ボールの持ち方や扱い方も。いい選手も多く、イメージも湧いてきた。このチームに入ってもやれるという自信もあった。

しかし、五輪開幕を控えた6月下旬、発熱。微熱だったものの、練習や試合を休んでも熱は下がらず。病院に行くと医師から「ウイルス性感染症」と告げられた。複数の器官にウイルスが入ったという説明だった。

「またかよ」が正直な気持ち。

■再び冒されたウイルス性肝炎

症状は2006年のときよりは軽いような気がしたが、体力の消耗が激しい夏場であるということ、薬を服用しないといけないことを考えると、五輪は辞退せざるをえなかった。

代表やクラブに迷惑をかけてしまったことは申し訳なかった。ただ、申し訳ない気持ちよりも残念な気持ちが圧倒的に大きく……。納得しようのない思いでいっぱいだった。

「五輪とはつくづく縁がない」

そう思い知らされた。

もう開き直るしかない。

開き直って、一日も早く回復してピッチに立つ。体調に一層気をつけて試合に出続ける。普段通りに自分のプレーをする。それしかできない。

幸いにも離脱期間は1ヵ月ほどで済み、8月には試合に出ることができた。順調に回復し、秋には代表にも招集された。

ACLでは初優勝を果たした。とくに浦和レッズとの準決勝は思い出深い。

Jクラブ同士の対戦で、相手は昨年の王者。リーグ戦でも最大のライバルだったレッズ相手にホームで1－1、アウェーで3－1という最高の結果を残した。効果的にセットプレーでもスコアできたし、やっていて面白かった。決勝の相手のアデレードもいいチームだったけれど、準決勝を制したときに「いける」と感じた。

つくづく縁がないと思い知らされた オリンピックという舞台

またひとつ、クラブにアジア王者と

いう肩書とトロフィーが加わった。

ACLを獲ったことによって、アジア王者として年末にクラブワールドカップに参加した。

■ACL初優勝で決めたクラブワールドカップ出場

初戦でアデレードを1－0で破り、進んだ準決勝では欧州王者のマンチェスター・ユナイテッドとの対戦だった。

僕はいつも名前でサッカーをやるわけではないとは思っているけれど、（サー・アレックス・）ファーガソン監督の指揮下で、GKは（エドウィン・）ファンデルサールで、（ガリー・）ネビル、（パトリス・）エヴラ、（リオ・）ファーディナンド、（クリスチアーノ・）ロナウド、（ライアン・）ギグス、（カルロス・）テベスなど「世界選抜みたいだ」と思うメンバーだった。

かといって、強いチームを相手にする時に定石のひとつである「守ってカウンター」のようなことをするのではなく、試合前の西野（朗）さんの「いつもどおりに戦おう」という言葉もあって、決して受けには回らなかった。

結果的には、3－5というスコアで力の差を痛感させられた。「すげえな」という衝撃より、「やっぱりな」というような結果だ。スコアにしっかり実力が反映されていた。3点も取ったから善戦だ、という声もあったけれど、5－1と引き離され、4点差をつけて気持ちの緩んだ相手から追加点2点を取っただけだ。そのうちの1点は僕のPKだけれど、すでに相手に流れが行っている。時すでに遅く、決まっても決ま

2008

ACLを制したガンバ大阪。優勝と同時に、遠藤は大会MVPをも受賞した。「チームにとって大きな意味を持つ勝利となった」と遠藤は語った。

らなくても勝敗に関係するとは思えなかったので、気楽に蹴ることができた。

それでも、最後まで自分たちのやってきた打ち合うサッカーを貫いて派手に負けたという意味では、悔しさはあるけれど、達成感もあったし、以後に繋がる試合だったと思う。

個人的には後半途中から出てきた(ダレン・)フレッチャーが気になった。

ロナウドとかテベスはもちろん世界レベルの素晴らしいクオリティだったけれど、あくまでテレビで観ているとおりの印象だった。そう考えるとフレッチャーは、同じピッチで向かい合って初めて知る巧さがあった。守備面では間合いの詰め方や寄せ方がアグレッシブかつ最適で、ポジショニングもとても堅実。チームを勝たせるために必要な役割を完全にこなしていた。ああいったわかりづらい選手から学ぶことは多い。

さまざまな経験が選手たちの意識を変え個々が上を目指せばクラブが強くなる

　個人としてもガンバとしても、クラブワールドカップは大きい意味を持った大会となった。

　単純に対戦相手が世界のクラブというだけではなく、FIFA主催のゲームに参加するということだから。

　ホテルからの移動も厚遇されていて、現場には外国人スタッフがいて公用語は英語。いつもと違うIDを首に下げて厳重なセキュリティを抜けて、Jリーグとは異なる形のユニフォームチェックを受ける。こうして説明すると「なんだそんなことか」と思うかもしれないけれど、実際に現場で体験しないとあの独特の緊張感は理解できない。

　ある若手選手が「代表戦もこんな感じですか？」と聞いてきて「細かくは違うけれど、雰囲気は似ている」と答えた。だいたいのイメージは摑めたのかもしれないし、それがまた向上心に火をつけて、成長してくれればいい。

　それはピッチに立った選手だけでなく、クラブスタッフもサポーターも感じていただろうし、さらにいえば「ガンバや浦和が出るなら俺たちだって」と他のクラブも世界を強く意識するきっかけになる。各クラブがアジア、世界に具体的なイメージを持って目を向け、また国内で切磋琢磨をする。それが理想だ。

■僕の代名詞のひとつ〝コロコロPK〟

〝コロコロPK〟が世間で話題になったのも、この年。クラブワールドカップ準決勝、日本対マンチェスター・ユナイテッドFCとの試合でのPKが、メディアによって〝コロコロPK〟と名付けられた。まさか、あの蹴り方にそういう名前がつくとは思ってもいなかった。

自分としては、2003年頃からあの蹴り方でやってきていたし、代表戦でも何回か蹴っていたから、「今頃、話題になるのか～」と思ったりはした。でも、世の中にさまざまなPKがある中で、自分のあのPKに名前がついたというのは、とてもありがたいこと。自分の特徴的なプレーが多くの人に注目され、自分のPK映像が使われるかぎりは〝コロコロPK〟という単語もきっと登場し続けるのだろうと思うと、嬉しいなと素直に思う。

2009年5月には、人気サッカーゲーム『ウイニングイレブン』に、〝コロコロキック〟が技として盛り込まれた。日本人選手のオリジナル技が入ったのは、そのときが初だったらしい。

蹴り出して5年も経って話題になり「今さら?」と思っていたコロコロ

当時、確か雑誌の企画でゲームした際に「コロコロPKも（ゲームの技に）入れてほしい」とリクエスト。すごく強い思いがあったわけじゃなく、「入ったらいいな」「面白いな」ぐらいの気持ちで口にしたリクエストだったけど、ゲーム会社の方が僕の要望を受け止め、形にしてくれて実現した。「言ってみるもんだな」と思ったことを覚えている。僕自身も高校生のときから遊んでいたシリーズに、自分の特徴的な技のひとつが搭載され、いろいろな人が僕の技を選んで遊んでくれるなんて、とてもすごいことだ。

ただ実は、僕はコロコロキックが搭載された『ウイイレ』を実際にプレーはしていない。忙しさもあって、単純にやる機会を逃してしまったというだけなのだけど……。なにせ自分が一度もやっていないから、周りから「ウイイレやったよ！」と言われても、反応にちょっと困っていた。「どうだった？ ゴール入った？」「入ったよ」という会話が多かったような気がする。

コロコロPK絡みの話でいうと、2010年に「コロコロPKが反則になるかも」という話が浮上した。W杯南アフリカ大会から、PKでのフェイントについてルールがより厳格化されることが決まったのだ。PKを蹴る直前に止まるのは反則になるという話だったけれど、僕はコロコロPKの助走で止まったことは一度もなかったから、「今までどおりの蹴り方で、大丈夫だろう」と思っていた。念のため、ルールが変わるタイミングで、「蹴る直前に止まらなければいいんでしょ？」とスタッフに確認したし、試合中にもレフェリーに「止まらなかったらいいんですよね？」と確認。自分のPKに問題がないかどうか、二重確認をしていたから、コロコロPKを蹴ることに不安はなかった。

2008

桜島の噴火が
大きくて心配だった
2009年

■〝1億円〟という評価

この年、僕の年俸が1億円という報道をされていたらしい。僕自身は騒がれていたことも覚えていないし、いつ1億円にいったのかはわからない。もちろん、報酬は上がれば上がるほど嬉しいけれど、〝1億円プレーヤー〟になりたいという目標は、自分の中にはとくになかった。ある程度稼げたら、とりあえず家を建て、貯金してという一般的な目標があったくらいだ。

年俸については、なぜかメディアの人にも聞かれたりする。気づけば、いろんな選手の年俸をまとめた記事が出ていたりするけれど、僕は誰にも言っていない。上がったか下がったかさえ言っていないのに、情報が出ていた。しかも、実際の数字とそんなに差はないような……。一体どこから情報を得ているのだろうと不思議だった。

年俸とは、前年の評価に対しての対価なので、前年活躍していなければ下がるし、活躍すれば上がるといったように翌年に反映される。なので、このくらい年棒をもらったから頑張ろうというより、前年より落ちないように頑張ろう、となる。契約終了前の移籍で発生する移籍金のほうが、今後の活躍への期待額となる分、気持ち的には重いかもしれない。それこそ金額に見合ったプレーをしなければいけない。加入させ、活躍してもらうための金額だから。

僕は、アシスト前のパスやディフェンスといった、中盤の選手ならではの「数字に残らない

2009

部分」をきちんと見て評価してほしいと希望していた。今はいろんなプレーが細分化され数字として表されるが、この当時はまだ数字に反映されない部分が多かった気がする。

プレーが数字化されることによって、いいところもあるし、悪いところもある。タックル数やスプリント数は多いほうがいいプレーをしたと思われがちだけれど、「スプリントしなくてもよかったでしょ」と感じる場面も多い。走行距離にしても、走っているのか、走らされているのか、無駄走りじゃないのかを検証することも大切だと思う。数字をかみ砕いていけば、すべてにおいて理由はちゃんとある。数字を参考程度に見るなら、目安にはなるだろうけど、数字だけで判断する世の中になりつつある。サッカーは結局、ボールを相手ゴールに入れて、自分たちのゴールを守る競技なので、どちらを優先的にとるかで見方が大きく変わってくると思う。

■W杯出場権獲得とアジア最優秀選手賞受賞

6月のアジア最終予選、ウズベキスタン戦に勝利し、世界最速で南アフリカW杯への出場を決めた。4大会連続4度目のW杯出場だ。

代表チームは、言ってみれば寄せ集

数字化されるあらゆるプレー
サッカーの基本とは……

6月6日に行われたアジア最終予選、ウズベキスタンを1－0で下し、世界最速で南アフリカW杯の出場権を獲得した岡田JAPAN。（写真はいずれもJFA/アフロ）

めだ。スタイルの異なるチームから選手たちが来ているので、確認事項が増えるし、そもそもどうやって戦うのか、ということからはじまる。

最初の2年でチーム作りをして、残りの2年で若手を投入しながら強化。代表という4年の期間は、そういう形でやっていた。普段のチームでも、3年契約していたら、1年目で土台を作り、2年目で確立させ、3年目で勝負しなければいけない。どのチームでもだいたい2〜3年のサイクルでまわっていると思う。

2009

「世界を驚かす覚悟がある」「驚かせてみせる」と思っていた

このアジア最終予選まで、十分にいい調整ができていたので、自信を持って試合に臨むことができた。どんな状況になっても、誰が欠けても自分たちのサッカーをする。細かなパスの繋ぎや、大事な場面でのパススピードなど、1本1本を意識してプレーした。シンプルにボールを回して、足を止めずに。今まで積み上げてきたものをしっかり出せれば大丈夫だと。

W杯出場を決めたウズベキスタン戦は、レフェリングがひどかったのを覚えている。相手のセットプレーが目立ったけれど、日本のチームワークの良さで耐えることができた。相手をフリーにさせないように、皆で声をかけ合って、冷静に対応できたと思う。

「この試合でW杯出場を決めたい」

そう思っていたので、世界最速で決めることができたのは、本当に嬉しかった。

そしてこの年僕は、AFC年間最優秀選手賞を受賞した。日本人選手は過去に数人しか受賞していないし、なによりもその年の〝アジアナンバー1選手〟だと評価されたということが、とても嬉しかった。表彰式はマレーシアのクアラルンプールで行われた。実はこの前の年もノミネートはされていて、上海まで行ったものの、何も受賞せずに帰ってきていた。「もし今年も選ばれなかったら、泣いて日本に帰ろう」と思っていた。

表彰式で僕は、「アジアの若い選手の見本になるようなプレーをして、アジアのサッカーに希望を与えるような選手になっていきたい」とコメントした。それは翌年に控えたW

アフロスポーツ

2009年シーズンを締めくくる天皇杯で優勝。遠藤の2ゴール1アシストで、名古屋グランパスに4－1で圧勝。元日連覇を果たした。

2009

杯で上位を目指すという、自分の目標の公言だった。

■再びタイトルを手にしたガンバ大阪

2009年のガンバは調子が良く、チーム一人一人が自分の能力を発揮できていた。それぞれが自分のすべきこと、役割を考えてプレーしていた。それが結果に繋がったのだと思う。ピッチ上では不測の事態ばかりが起きる。そのときに、選手それぞれが自分のやるべきことを瞬時に考え動き出す。監督に判断を仰ぐ前に、まずは選手主導で立ち向かうことのできるチームが、監督にとってもいいチームだと思う。

また、この年僕は改めて自分のポジションの意味を考えた。攻撃的なポジションにいるからには、ゴールを奪うことも自分の大切な仕事。ひとつでも多くゴールを奪うことをそれまで以上に追求した。

別に得点王を目指していたわけじゃない。攻撃的ポジションの責務という感じ……。攻撃的なチームだから、ゴールエリアにも積極的に入っていこうとした。自然とアタッキングゾーンに入っている回数も増えたんじゃないかと思う。

目標としては、リーグで15点くらい取りたいと思っていたけれど、結果は10点。でも年間のゴール数は、自身の過去最多タイを記録した。

個々の成長、そしてゴールへの執念もあり、前シーズンに続いて天皇杯の決勝まで進むことができた。決勝は名古屋グランパスとの対戦。この日の試合では、攻撃に転じたときの動き出しの早さとシュートを意識していた。ガンバにボールが来たら前に飛び出し、パスにも絡んでいった。

「元日連覇」はそりゃ嬉しいこれぞガンバのあるべき姿

相手よりも一歩先に動く。それを常に考えていれば、いい状況でボールをもらうことができる。フリーになる瞬間も多く、ボックス内にも飛び込みやすくなる。チャンスがあれば、できるだけシュートで終わろうと思っていた。先を読んで早く動けば、それが得点に繋がるチャンスになった。

海外の選手はこういうプレーをよくするし、世界基準では当たり前のこと。この名古屋戦では少し、その基準に近づけたと感じた。天皇杯で優勝してタイトルを獲るというのは、毎年の目標で、2年続けて達成できたけれど、その先には世界の壁がある。W杯までに自分のプレーレベルを引き上げたかったし、そのためにはJリーグでの試合に可能な限り多く出場し、そこで試しながら、鍛えながらやっていくしかなかった。

■僕が考えるガンバの〝最強期〟

振り返ると、この頃がガンバの最強期だった

2009

と思う。僕としては2004年あたりから「これからこのチームは強くなる」という手応えを感じ始めていて、2005〜2010年ぐらいが、ガンバが一番いい時期にあったのではないかと思っている。僕ら選手がプレーをしていても楽しかったし、試合を観ている人もワクワクできて楽しい。そういうチームだった。

理由はシンプルで、試合ではガンバらしく攻めて勝つことができていたし、在籍している選手一人一人のキャラクターも個性が立っていて、それがプレーでもよく機能していた。また、ホームでもアウェーでも同じサッカーができる。そういった強みがあった。アウェー、とくにACLのときなどはどうしても心理的にアグレッシブさがなくなり、「勝ち点1でいいや」という気持ちになってしまう選手も少なからずいる。でもあの頃のガンバには、「取れるだけ点を取る！」という気概を持った選手が多かった。そういうメンタリティの選手がチームの多数を占めているというのはとても大事だし、そこに技術や戦術スタイルが加わったチームは、たとえ相手に先に点を取られても「俺らは追いつける」、「これから取り返せばいい」とまったく慌てることがない。どっしりとした安定感があった。

僕は基本的にどんなチームであろうと、サッカーをするのは楽しい。でも、チームが全体的に高いレベルを維持できている状態のガンバで戦った2004〜2010年という期間は、僕としては理想的な環境でサッカーを楽しめていた6年間だったと思う。

AFC
ANNUAL
AWARDS
Kuala Lumpur 2009
Kuala Lumpur, Mala
24 November
AP/アフロ

少女時代にKARA……
K-POPもよく聴いていた
2010年

■悔しさをバネにした南アフリカW杯

僕にとっての2度目のW杯が始まった。前回大会が終わってからの4年間、これまで以上の努力をしてきた。W杯のためだけに努力しているわけではないけれど、やはりスポーツ選手である限りは日本代表に選ばれることを意識する。前回のドイツW杯では、招集されながらも、試合に出られず悔しい思いをした。

「なぜ出られなかったのか」

「何が足りなかったのか」

自問自答を繰り返し、体幹そして筋力のトレーニングを強化。練習後のトレーニング時間も増やした。W杯に出場するには、代表に選ばれないといけない。代表に選ばれるためには、リーグでピッチに立ち、活躍し、成長を見せなければいけない。前回大会での悔しさがあったからこそ頑張れた4年間だった。

W杯に出ることができても、ピッチに立てなければ何の意味もない。

南アフリカに入るまでの準備期間でしっかりと手ごたえを摑むことができ、チームでも中心メンバーとしてプレーできていた。自信を持って挑んだW杯。ドイツW杯の経験が、「自分が日本を上位に連れていこう」という思いを強くさせていた。

南アフリカは、キャンプ地も良かった。ドイツW杯のときは街中のホテルだったけれど、南アフリカではゴルフ場の施設の中。一般の人はもちろん入ってこられないし、あたりには緑がいっぱい。なんといっても、一人一コ

2010

テージで快適だった。宿泊施設も豪華で、なんのストレスもなく過ごせていた。

決してジンクスや迷信を信じるタイプではない僕が、このときばかりは、「来る」と感じた。それは初戦のスタジアムに向かうバス。今ちゃん（今野泰幸）の隣でＨＹの『３６６日』を聴いていたのだけど、スタジアムに到着すると同時に、流れていた曲もピタリと終わって……。「あ、今日の試合、勝ったな」と思った。

案の定と言っていいかどうかはわからないが、初戦のカメルーン戦は１－０で勝利した。

初戦の大切さを痛感したドイツ大会。（楢﨑）正剛さん、（中澤）佑二、イナ（稲本潤一）など、ドイツ大会を経験した選手は半数もいなかったが、だからこそ経験した僕たちは「初戦で負けてはいけない」「必ず勝たなければいけない」と思っていた。

初戦に勝った僕たちは、第２戦目、オランダに０－１で負けてしまう。でも、初戦の勝利があったから、第３戦目のデンマーク戦を焦らず

スタジアムに到着した瞬間に〝勝てる〟と直感した初戦

に戦え、３－１で勝利。グループリーグを突破した。チームとしては少しずつ成長できていたし、その状態を保てていればいい結果を出せる。そう思っていた。もちろん最終的には全試合に勝つことが目標だが、それを叶えるためには一

戦一戦全力を尽くし、勝利を積み重ねていくしかない。

■圭佑とともに決めたフリーキック

第3戦のデンマーク戦での（本田）圭佑と僕のFKは、映像で何度も使われている。それだけインパクトがあったと思うと、とても嬉しい。

僕が蹴ったFKのときは、相手が完璧に壁を準備していない中でのゴールだったし、自分の中でいい感覚があったわけではない。背の高い選手が壁の中央にいるため、壁のサイドは比較的低くなる。上を通さずに、横を通すように蹴ればいけるかもしれないと思っただけだ。

いろんな人が、このFKを僕の印象的な場面として挙げてくれるが、自分の歴代のゴールをちゃんと見返せば、10位以内に入るかどうか、といったところだ。ただ、このゴールによって相手を追いつめることができたという意味では革新的なものではあったし、僕自身のW杯初めてのゴール。嬉しくないわけがない。

6月24日、南アフリカW杯デンマーク戦。遠藤が鮮やかなFK弾を決めた後の印象的な1シーン。

実は、前日の公式練習で10本ぐらいFKの練習をしていたのだけど、全然決まらなかった。南アフリカのスタジアムは標高が高く、気圧の影響でボールの角度が少し上になっただけで大きく飛んでしまったりする。その感覚は練習で摑めていたので、そこは気をつけていた。

FK1発目を決めた圭佑も蹴りたかったはず。観ている人も圭佑が蹴ると思っていたんだと、後で知った。でも、相手の壁を見て自分が蹴ろうと思った。このとき、僕と圭佑の間では、「俺、蹴るよ」「OK」そんなやり取り。「これ決めたらCMのオファー来るかな?」「来るでしょ」って話もしてたんだけど……、CMのオファーは……、残念ながら来なかった。

お茶漬けのCMとかなら、ご飯をガーッと美味しそうに食べるだけで撮影が終わりそうでいいと思っていたのだけど。さすがに1得点入れたくらいではダメらしい。

FKやCK(コーナーキック)を蹴る瞬間、「これは入る」と確信したことは一度もない。ただ、蹴った瞬間、「いいとこいったな」「これ入るかも」と、思うことはある。そんなときでも、相手キーパーが想像を超えた動きをして、止められてしまうことだってもちろんある。

元チェコ代表の(ペトル・)チェフはとても印象に残っているキーパーだ。2011年6月のキリンカップでのチェコ代表との試合のとき。僕がゴール正面からのFKを蹴った後、「これは入ったな」と思っていた。すると、右上の隅を狙ったにもかかわらず、ジャンプもせずに弾《はじ》かれてしまい……。あのときは本当に驚いた。自分のコースも少し甘かったけれど、日本人のキーパーだったら跳んで弾くのを、跳ばずに難なく弾かれた。

■岡田監督と目指した「ベスト4」

南アフリカW杯は、グループリーグを突破し「ベスト16」に。しかし、決勝トーナメント1戦目、パラグアイ代表と戦い、PKで負けるという残念な結果となった。

岡田（武史）さんの目標は「ベスト4」だった。

ある日、僕と俊（中村俊輔）と佑二が呼び出され、「本気でやってみないか」と言われた。岡田さんは自分たち3人にチームを引っ張ってほしいと考えていたそうだ。僕たちが本気を見せれば、チームもついてくる、と。呼び出されてその話を聞いたとき、岡田さんの本気と、自分たちへの信頼を感じた。それはもちろん、「やらなければ」という気持ちだ。

僕はあまり言葉で表現するタイプではなく、声をかけることでチームの士気を上げたり、チームを引っ張ったり、ということはしない。でも、行動やプレーでは示すことができたと思う。

岡田さんの掲げた「ベスト4」には届かなかったけれど、まずはグループリーグを突破するという大きなミッションをクリアできた。チームとしてもまとまり、努力した成果を十分に出せたと思う。

「このチームだったらもっと上を目指せたのに」

そういった悔しさはもちろんあるけれど、すべての力を出し切ってのW杯。晴れやかな気持ちで終わることができた。

サッカーはピッチに立ってこそW杯を戦う楽しさを実感

W杯を戦うことの面白さを初めて実感した大会でもあった。サッカーはピッチに立ってこそ本物の楽しさを味わえる。僕個人としては、すべての試合に出場することができ、とても楽しかった。ドイツ大会のときとはまったく異なる感情だった。

２００６年の代表のときは、空港に人が押し寄せ騒がれて出国したけれど、帰りの空港は静まりかえっていた。この２０１０年は、騒がれもせずに静かな中で現地に向かい、帰国したときは人で空港が大変なことになっていた。真逆。W杯の結果次第で、こんなにも違うものかと驚いたことを覚えている。

W杯後、監督が岡田さんからザックさん（アルベルト・ザッケローニ）に代わった。この10年、もっと上を目指したかったし悔しい気持ちがあったので、４年後のW杯にもまた出たいと思っていた。その欲が強かったのは、年齢的にも最後のW杯になる可能性が高いというのを自分でも理解していたからだ。

監督が日本人からイタリア人になったことは大きな出来事で、そもそも自分が選ばれるかどうか、というところからのスタートになる。自分からザックさんにアピールするというわけではなかったけれど、チームで自分のやることを全うしようと思っていた。そのうえで、ザックさんに呼ばれたら、彼の思うようなプレーを表現しながら自分の武器も出していこうと考えていた。

個人的な意見だけど、代表チームの監督は日本人のほうがいいと思う。なぜなら、外国人は言葉はもちろん、日本人のメンタリティを知らないから。国独特の性質もあるので、それを理解することは難しいだろうし時間がかかる。その点、日本人が監督になった場合、言葉が通じるから腹を割って話すことができる。通訳を介したお互いの言葉は、理解しようとしても細かいニュアンスまで届いているか、正直なところわからない。ザックさんは密にコミュニケーションを取ってくれたので、チームはまとまっていたけれど、やっぱり日本のチームには日本人の監督が適任だと思う。

■ガンバ大阪、天皇杯3連覇ならず

30歳を過ぎてから、年齢を重ねるにつれてサッカーがより楽しくなった。

2010年元日の天皇杯で優勝を飾り、再びタイトルを獲得。2009シーズンのよい締めくくりとなり、よい1年のスタートにもなった。嬉しいタイトルではあるけれど、ガンバ大阪というチームは、ひとつのタイトルで満足してはいけない。ひとつでも多くのタイトルを獲れるよう、日々努力しなければいけないと思っていた。
ガンバは前半、なかなか調子が出ず、夏場から調子が上がっていくイメージが強い。このシーズンも前半は公式戦未勝利が続いていた。
W杯から戻った僕は、7月の第13節、浦和戦からの再開。当時、かなりのライバルだった浦和とのホーム戦とあって、W杯の疲れなど気にしていられなかった。3－2。一番盛り上がる勝ち方で勝利した。

途中、負傷による欠場もあったが、好調なプレーを見せる遠藤。ガンバでは、3年連続の天皇杯制覇を目指した。

後半のアディショナルタイムで同点ゴールを許し、その後、勝ち越しゴールを決めての勝利。時間的にギリギリだったけど、シュートも冷静に蹴ることができ、ボールがいいコースに跳んでくれた。あれは自分自身でもいいゴールだったと思っている。代表帰りでファインプレーを見せたいという思いもあったので、再開後のスタートとしてはとてもよかった。

チームとして勢いに乗るときは、エースが点を取ったり、新加入の選手がいきなりゴールしたりというきっかけがある場合がある。このときは、W杯帰りで注目されていた自分がゴールを決め、徐々にチームが明るくなっていった。後半は持ち直し、なんとか天皇杯準決勝まで行くことができた。

アフロ

W杯で優勝した
なでしこJAPANを
本気ですごいと思った

2011年

■最年長となった日本代表

ザックジャパンとなって約半年後、アジアカップのカタール大会で優勝した。チームとしてまだまだ完成していない中、僕たちは大会を通じて手応えを摑んでいった。その結果、優勝。何よりも、いい結果が出たことで、ザックさん含めスタッフ陣も焦らずに仕事ができる状況が作れたことは大きかった。もし結果が出なければ、前のめりになっていたかもしれない。「アジアで1位」という実績は、その後の代表戦を戦うにあたっての土台としては充分だった。

この年、代表チームにも若い選手が次々と入ってきた。「どういう選手なんだろう?」と、一人一人のサッカースタイルを探り、分析しながらプレーするのは楽しい。勉強にもなるから。

その一方で、(中澤)佑二、イナ(稲本潤一)、俊(中村俊輔)など、同世代や年上の選手たちが一気にいなくなり、僕は代表チーム最年長となっていた。中心は、本田(圭佑)、香川(真司)、長友(佑都)らの世代だ。

「若い選手が入ってきたな」とは思っていたけれど、「世代交代」という意識はいっさいなかったし、そんな雰囲気も感じなかった。それは、自分が選手としてバリバリやれていたから。もちろん、状況を見れば世代交代だと思う人もい

同世代の選手たちがいなくなり最年長にでも「世代交代」などとは思わなかった

2011

たかもしれない。若い世代が増え、入れ替わっていくのは当たり前のこと。このとき、自分は31歳だったし、まだまだいけた。

アジアカップでの優勝は、チームが冷静に戦うことができたからだと思っている。

ザックさんの求める戦術はとても多かった。高度なものもあり、イメージはできてもなかなか体がついていかない。そんな状況に陥ったこともある。うまくいかずに中途半端なプレーになってしまったことも。ザックさんが求める「自分たちのサッカー」。選手たちはそれを、練習を重ね、試合を重ねながら徐々に吸収し浸透させていった。

「自分たちのサッカー」ができないときのザックさんは怖い。激しく怒る。でも、プレー中のミスに対しては「ミスなんて当たり前」と考えているようだった。だから選手たちも、プレーひとつひとつに焦ることなく、集中して戦うことができたのだと思う。

この大会で、印象的なプレーがふたつある。

1月29日に行われたアジアカップ（カタール大会）で、オーストラリアに勝利し、４度目の優勝を決めたザックJAPAN。

まずは、準決勝の韓国戦。圭佑のリターンパスからの自分→長友→岡崎（慎司）。シュートはポストに当たり得点にはならなかったけれど、タイミングもスピードもすべてがパーフェクトなパスだった。

そして、決勝・オーストラリア戦での後半アディショナルタイム。相手のFKを壁で跳ね返した後、さらなる攻撃に対して仕掛けたスライディング。オーストラリアの選手は身長が高いので、上にボールを上げられないように、少し高めにジャンプして足も高めに滑り込んだところ、ボールにあたり、その後の追加得点を許さずに勝利することができた。

２０１１年の代表戦は絶好調。「世代交代」なんて言わせない。そんなパフォーマンスができたと思う。

自分は「遅咲き」なのか⁉

チーム最年長になっても、とくに意識したことはなかった。僕はキャプテンでもなかったから。そのあたりのことはキャプテンの長谷部（誠）や（川島）永嗣に任せていた。〝若手の相談役〟になっていると言われたこともあるけど、積極的に自分から後輩に声をかけたことはない。後輩から聞かれたから答えた、ただそれだけのこと。初めて代表に選ばれた選手に代表での動きややるべきことを教えたり、代表の雰囲気に馴染めているかを確認したり、普通に話すくらい。どちらかといえば僕は、岡崎や今ちゃん（今野泰幸）、（吉田）麻也とにぎやかに過ごしていた。とはいえ、いちおう最年長なので、ある程度はチームのことを考

2011

えつつ、でも楽しく。

最年長になるまで代表にいたからなのか、自分が「遅咲き」と形容されることが多かった。これに関しては、この場を借りて「そうではない」と反論したい。確かに、同世代の（小野）伸二や（中田）浩二に比べたら、遅咲きということになるのかもしれないけれど、僕が代表に

この場を借りて反論したい
僕は〝遅咲き〟ではない

入ったのは22歳。２００２〜２００６年の間で約40試合出場している。いたって普通だ。むしろ、彼らが早かっただけのこと。

結果的には35歳まで代表に入って試合に出させてもらうわけだけど、この頃は同世代の彼らとまた一緒にやりたいと思っていた。うまいし、刺激になるし、そして何よりサッカーが楽しい。寂しさこそ徐々に減ってはいたけれど、「あいつら、まだまだ代表でやれるのに……」と感じていた。それだけ実力のある選手たちだったから。でも、監督が代われば、判断基準はもちろん、チーム状況も変わるので仕方がない。そう自分を納得させていた。

代表メンバーには同世代がいなかったので、自分の本音をぶつける相手がいなかったのではないかと聞かれたことがある。僕はよほどのことがない限り愚痴るタイプではないし、そもそもピッチ以外でサッカーの話をしない。一度その場を離れれば、何か思うことがあっても「ま、いいか」と切り替えてしまう。

だから、話し相手としての同世代のメンバーは別にいなくてもいい。若い頃はさすがに愚痴もこぼしたけど、30歳を超えるとそんな場もないし、愚痴ろうとも思わなかった。ネガティブなことを言っていると自分の気持ちが下がるし、自分の価値まで下がる気がするから。思うことがあれば、僕は直接、監督に言いに行っていた。とは言うものの、試合中はめちゃくちゃ愚痴っていた。一人で、心の中で、だけど……。

他の選手から愚痴を聞かされたこともなかった。僕に言っても、どうせ適当な言葉が返ってくるだけだと選手間に浸透していたからだ。こぼしている選手がいたら、「そもそも代表にいるだけで幸せなことなのに文句を言うな。やればいいんだよ」と返していたと思う。

愚痴りたいときは自分の職種と関係ない人に話すといい。いつだったか僕も、大阪で知り合った人に愚痴ったことがあった。「あのとき さ～」と自分の思うことを説明しても、相手にはほぼ伝わらない。だから会話ラリーも続かない。話を理解できないから、「そんなことがあるんだ」「人生いろいろあるよね」と、サクッと終わる。気持ちを長引かせないで済むからちょうどいいのだ。

■西野監督に見習うべき点

ガンバの監督、西野(朗)さんが、チームを去ることになった。最後の日、西野さんの部屋に行き、感謝を伝えた。僕のキャリアの中でも、一番長い期間一緒にやってきて、自由にプレーをさせてもらった。思い返すといい思い出がたくさんある。西野さんだったから、攻撃的なサッカーができたと思うし、個人的にはほとんどの試合に使ってもらった。一番多くのタイトルを獲った監督であり、「ガンバといえば西野監督」と名前が真っ先に出てくる偉大な人だ。

西野さんは、オンとオフの切り替えがものすごく早い。練習後や試合後、すぐに帰っていく。

Jリーグアウォーズで「フェアプレー賞 高円宮杯」を受賞したガンバ大阪。10年間ともに戦った西野監督とトロフィーを掲げる。

これは、すごく大事なことだ。

そもそも日本人は、監督や上司が帰らないと気を遣って帰れないことが多い。外国人監督の場合は、ミーティングが終わると「終了したので帰ってください」と言われるからすぐ帰れる。日本人監督の場合は、やるべきことが終わり早く帰ったら「何ですぐに帰るんだよ」と思われている気がしてしまい……。そう思われているかもしれないと思いながら帰るのも気がひけるし、そう考えている時点でストレスが溜まる。かといって、帰らなければ帰らないで、無駄な時間を過ごすことになってしまう。

僕は、オンオフの切り替えの早さは、チームにも影響すると思っている。スポーツ選手においても効率化は大事だ。自分のやるべきこと（仕事）に集中し、終わったら帰る。それがベスト。

選手側からすると「今これは何の時間だろう？」という指導者にありがちな時間の使い方。一日に何をやっているかわからない無駄な時間が1～2時間あるのなら、家族と遊びに行き、リフレッシュして次の日に臨むほうが確実にいい。

でも、監督という立場の人たちはなかなかそれができない。自分の考えていることをしっかりと選手に伝えたい、チームを完璧にして試合に臨みたいと思っているからなのだろう。

西野さんには、そういった雰囲気がまったくなかった。いつも早く帰ろうとしている自分が「西野さん帰るの早いな」と思うくらい。自分がやるべきことをやったら、さっさと帰れ。そう言ってくれる監督は、とても珍しい。

もし自分が監督を目指すなら、僕も早く帰る監督になろうと思っている。

■大好きなコナンとの出会い

映画『名探偵コナン　11人目のストライカー』（2012年公開）で声優に初挑戦したのもこの年。〝コナン〟が好きでずっとアニメを観ていたので、このオファーはとても嬉しかった。僕、（楢﨑）正剛さん、今ちゃん、（中村）憲剛と4人でスタジオへ行ってアフレコした。もちろん初めての現場。ガラス張りの大きな部屋で、自分のセリフ部分の台本をもらい、詳しい説明もなくいきなり録音がスタート。「え？」という感じだった。そして、何が正解かもわからずに、何度もテイクを重ねた。「声優さんってすごい」それに尽きる。

まさか2018年にもう一度出演することになろうとは……。

デニム×デニムは
着なかったけど、
「ワイルドだろぉ」って言っていた

2012年

AKB48の曲
めちゃくちゃ聴いてたなぁ

■悪夢のようなJ2降格

（ジョゼ・カルロス・）セホーンさんがガンバの監督に就任。監督が代わっても、ガンバ大阪は大丈夫だと思っていたが……、甘かった。

リーグが始まり、開幕3連敗という悪い成績をズルズルと引きずってしまった。セホーンさんも5試合で監督解任。クラブによってはもう少し様子を見たのかもしれないけれど、ガンバは違った。残念ではあったけれど、ビッグクラブとしては当然の結果だと思う。

監督が代わったことでそんなに成績に影響が出るのかと、僕自身も驚いた。あんなに勝てなかったのは、本当に珍しいことだったと思う。セホーンさんはめちゃくちゃいい人だった。きっと、いい人は監督に向かないいんだろうなと感じた。もちろんチームの調子が悪いのは、監督だけの責任ではなく、僕たち選手側も頑張らなければならないのだけれど。

そもそも、ガンバ大阪は「優勝争いをする」「優勝に絡む」ことを念頭にやっているので、あそこまで悪い成績は異例の事態だったはず。監督が解任されたことにより、僕たちはビッグクラブのプロ選手としての意識、そしてプライドを持ってやっていかなければいけないと再認識した。

改めてチームの団結を図ったけれど、なかなか成績は戻らない。一時的に良くなっても、浮き沈みが大きかった。流れが悪いときは、アディショナルタイムに追いつかれたり、スーパーゴールを決められたり……、まさかという事態が起きて負ける。今考えると面白いもので、

2012

「え？　そんなことが立て続けに起こる？」ということが、本当に起きるのだ。いや、そんなまさかが多かった。

残留争いには、必ず勝たなくてはならない。優勝争いすべき自分たちが、まったく違う争いをした。勝っても笑えずに追い込まれる。余計なことは考えず、勝つことだけに集中して戦おうと思っていた。チームを絶対にＪ２に落としてはいけない。その責任が自分にはあった。

最終戦、ジュビロ磐田に１－２で敗れ、ガンバのＪ２降格が決まった。

「やってしまった……」

誰もガンバが落ちるとは思っていなかっただろう。クラブの人たちだって思っていなかったはずだ。

反省点は明らかだった。

12月1日、Ｊ1第34節のジュビロ磐田戦で敗戦。ガンバ大阪のＪ２降格が決まった。

リーグ前半で勝ち点を稼げず、その悪い流れを断ち切れなかった。試合中もプレーが嚙み合わず、自分たちのリズムに持っていけない。それがズルズルと続いていた。終わってしまったことをどうこう言っても仕方ないが、「もっとやれることがあったはずだ」と反省した。

■チームの完成度が高かったザックジャパン

この年の日本代表はというと、2014年のブラジルW杯の出場権獲得に向けて順調なスタートを切っていた。試合までの準備期間もあり、海外組もいいコンディションで臨めたし、欧州のハイレベルな舞台でプレーしている選手も増えた。

そんな中、ガンバの成績不振と怪我の影響から、僕を不安視する声もあった。自分ではコンディションが悪いとは全然感じておらず、むしろ、いいボールを蹴ることができていた。当時の感覚として、止まっているボールを蹴れば蹴るほど精度が上がっていったように思う。

3次予選最終戦で敗戦すると、最終予選に向けての不安をメディアが報じた。実際、チーム力は南アフリカW杯の時よりも上がっていたと思うけれど、どのくらいかと問われると僕自身もわからなかった。ただ、相手が強敵だったとしても、その強い国と戦う中で修正点を見つけ、改善できる。その試合には負けても成長しているチームでなければならない。最終予選まで、最後に勝つためにもっとチームが強くなること以外の選択肢はなかった。

僕にとっては3度目の最終予選。ここまで多

2012

くの経験をさせてもらっている選手はいないだろう。他の選手とは置かれている状況は違うけれど、挑戦する気持ちは以前と同じだった。チーム全体を見つつ、プレーで引っ張る。特別なことはしない。今までやってきたことをいかに普通にやるかが大事だから。

予選を早く通過して、誰が出場しても安定した戦いができるチームを作りたい。そう思っていた。この年のチームは海外組がほとんどで、もともと意識が高い選手が多い。ジーコさんのときは、海外組が重要視されていたけれど、試合でいいパフォーマンスを見せることに海外組も国内組も関係ない。かつての、国内組がサブ扱いされるような雰囲気も、2010年にザックさん（アルベルト・ザッケローニ）が就任してからはなくなった。選手からの不満もなかった。海外組が厳しい中でプレーしているのだから、国内組の僕たちも高い意識を持ってプレッシャーをかける。そうやって強い代表が出来上がっていったと思う。さらに、一緒に過ごす時間が増えることで、チームの完成度も高まっていった。「うまくいっている」「強くていいチームになっている」、そんな自信があった。

6月からはじまったW杯最終予選で、僕たち日本は11月に行われた5戦目まで、敗戦なしで進むことができた。初戦のオマーンには3－0で、次戦のヨルダンには6－0で勝利。最後まで自分たちのサッカーを貫くことができたからこその結果だと思う。その試合内容には、ザックさんも満足そうに喜んでいた記憶がある。

好調な出だしはチームを勢いという波に乗せてくれる。逆に初戦で負けてしまうと、ズルズルと引きずってしまうことが多い。このときは、好調なスタートが切れたことで、負けることなく進み、チームは一戦ごとに自信をつけた。

「自分たちのサッカーで勝てる」

この思いが日本を強くした。

■国際Aマッチ最多出場でいただいた名誉

10月に行われた親善試合のブラジル戦で、国際Aマッチ最多出場。「アジアの壁」と言われた井原（正巳）さんの出場数を抜いて123試合を記録した。13年ぶりの更新らしい。すごく名誉なことなのだけど……。日本サッカー協会に「賞金ないの？」と聞いてみたら、「名誉でいいでしょ」と返された。けっこう真剣に言ってみたけれど、本当に名誉だけだった。

実は100試合を達成したときから、記録として残せるチャンスはそうそうないと思い、数字を意識していた部分がある。井原さんの記録を抜いたからといって、何かが変わるわけではないのだけど。

世界で注目される選手は、異名がつけられることが多い。例えば、井原さんの「アジアの壁」だったり、ロナウジーニョの「ピッチ上の魔術師」だったり。僕はまだつけられていない。でも、それでいい。目立たず、どちらかというと存在を隠していたいタイプだからだ。自分のプ

井原さんが「アジアの壁」ならば僕は「アジアの副社長」かな……

2012

レースタイルと同じように。

会社で言うなら、社長にフォワードで目立ってもらって、自分は社長の後ろで部下たちを上手に操る「副社長」のような存在かもしれない。もし監督になったとしても、選手が目立っていればそれでいい。あとで振り返ったときに「もしかして、あの人ってすごかったんじゃない？」と、気づいてくれたら嬉しい。井原さんが「アジアの壁」なら、僕は「アジアの副社長」とか⁉

日本代表としてのデビュー戦では、世界のレベルや国を背負って戦うことをいまいちわかっていなかった。ただただ一所懸命に試合をしていただけ。それが、2010年の南アフリカW杯のときには、プレッシャーや責任を感じるように。その後は代表として、一試合の重みを感じるようになっていった。それと同時に、代表としての試合が楽しくなっていった。

サッカー界の未来を背負っているということも忘れてはいけない。自分たちが世界で戦う姿を見た子供たちが、「サッカー選手になりたい」と思ってくれる。一人でも多くの子供がサッカーに興味を持ってくれるよう頑張りたい。そう思っていた。

10月16日に行われたブラジルとの国際親善試合で、国際Aマッチ123試合を記録した。

築田純/アフロスポーツ

第31節の柏戦で負傷した遠藤。顎を固定するために、包帯でぐるぐる巻きに。試合結果は2−2で引き分けた。

■試合中の接触で、下顎を9針縫うケガ

11月7日、ガンバ対柏レイソルの試合。僕は後半で相手チームの選手とぶつかり、右下顎を負傷した。ぶつかって下顎が切れたのだけど、とくに「痛い！」という感覚はなく、歯の治療で麻酔を打ったときのジワ〜ンとする、あの感覚に近いなと思っていた。痛みという点でいえば、蹴られたときのほうが断然上だ。ただ、手で触って血が出ていることはわかっていた。

ちょうど僕の近くに柏のキャプテン、大谷（秀和）君が近くにいたから「（傷口）結構切れてる？」と尋ねたら、大谷君から「けっこういっちゃってますすね……」と言われたので、「そうか」と思った。意外と、自分の中では冷静だった。

一旦ピッチを離れ、ドクターとトレーナーに

2012

応急処置をしてもらった。「この傷、縫う感じかな?」と聞くと、「縫うことにはなる。今はどうしようか?」という返事だった。たしかその時点で、チームの交代枠があと1枚残っているかどうかという状況。だから僕としては「止血して、試合に出る」という選択をした。ドクターからは「とりあえず、包帯でぐるぐる巻きにする」と言われたので、「あ、はい。どうぞ」とお任せした。

当時の写真も載っていると思うけど、本当にぐるぐる巻きだった。

ピッチに戻って、試合再開。周りからは僕の姿がかなり痛々しく見えていたかもしれない。でも、自分としてはケガをした箇所に相変わらず痛みはなく、ジワ〜ンという感覚がずっと続いていて「ヘンな感じだな」と思っていたぐらい。動いていて、痛みが増すということもなかった。傷の痛みがひどければ、ベンチに下がるという判断をしたのかもしれないけれど、本当に痛くはなかったし、「同じところをぶつけなければ大丈夫」という判断で、最後までピッチに立った。試合が終わった後に病院に行ったら、右下顎打撲と挫創と診断され、9針縫ってもらった。

包帯ぐるぐる巻きになったけど痛みもなく最後までピッチに立った

adidas
7
JAPAN

『半沢直樹』の「倍返し」が
気持ちよかった

2013年

■キャラではないけど任されたキャプテン

　Ｊ２として迎えたこの年、ガンバ大阪のキャプテンを任されることに。自分はキャプテンというキャラではないので、本当はやりたくなかった。でも、このとき監督に就任した（長谷川）健太さんに、やってほしいと言われたので、そこは素直に「わかりました」と引き受けた。

　僕はずっと、全員がキャプテンだと思ってやらなければいけないと考えていたから、一度だけ、「キャプテンマークを全員で回すのはどうか」と健太さんに提案したことがある。結果は、残念ながら即却下……。なぜ僕がキャプテンに指名されたのかと考えたことがあるのだけど、キャラクター的にやれそうなメンバーが他にいなかっただけかもしれない。僕もキャプテンのキャラではないはずだけど。

　キャプテンマークを巻いている人は、ピッチ上では監督。僕はずっとそう思ってきた。だからキャプテンとなった自分もさまざまな判断をしなければならなくなる。試合中に何かあれば、選手たちからまず僕に意見や提案がくる。それを健太さんに伝える前に、ピッチ上でできるだけ解決しなければと思っていた。それでも問題が解決しなかったり、手に負えないことがあったりしたら健太さんに言いに行く。

　試合や練習以外のところでも、健太さんに直接言いづらいことがある場合は僕が伝える立場だった。選手たちにも、「ヤットさんなら監督に言ってくれるでしょ」という期待があったと思う。僕は平気で言えるタイプだから、そこは良かったのかもしれない。それ以外にキャプテンらしいことは何もしていない。

　キャプテンとしてチームのために何かをしたこともない。ただ、Ｊ１に上げなければいけないという使命感はあったので、そこだけは意識していた。

■「1年で復帰」を目標に戦ったＪ2リーグ

　降格してからはとにかくＪ１復帰のために頑張るしかなかった。どのポジションでプレーしようが、どのステージでプレーしようが、チームのために自分が成長すればいいだけ。その考えがブレることはなかった。そもそも、ガンバ大阪はＪ２にいるようなレベルのチームではない。それを皆わかっているはずなのに、勝たなければならないはずなのに、降格してからのチームの空気は重かった。

> **ガンバがＪ２にいてはいけない**
> **Ｊ１にしなければという使命感があった**

　Ｊ２はＡＣＬもないし、ナビスコカップもないので、試合は週１ペースと少なかった。もちろん、個人のレベルはＪ１のほうが高いし、常に強いチームと試合をしていたほうがいいに決まっている。でもこれも経験だと思って、これまでと違う環境を楽しんでいる自分がいた。試合が少ない分、Ｊ１より練習時間が圧倒的に長く、そうなると自然と自分と向き合う時間も増えた。僕にとっては大切な時間。そのおかげで、自分の弱い部分にじっくりと目を向けることができた。その成果は、試合中に実感できていたから、J2での1シーズン、ネガティブになることなく楽しめたと思う。

ガンバには、「たくさん点を取って勝つ」という伝統のサッカースタイルがある。健太さんはそれを崩さず、加えて守備にも重点を置くというやり方だった。そもそも前シーズン、J2に降格した理由は失点数が多かったから。攻撃だけでなく、守備を強化するのは当たり前。きちんと守りながら3点、いや5点取って勝ちたい。その結果、1年間で土台作りができ、チームとしていい感じで試合を進められたと思う。

降格したとき、移籍を考えなかったのかと問われた。僕はとくに考えなかった。降格させてしまった責任という部分もある。もうひとつ、行きたいところからのオファーがなかったからというのが理由だ。

代表に入ってからは、海外からのオファーも何回かあった。2010年くらいから、僕の中で海外で挑戦したいという気持ちが強くなっていた。年齢的にもギリギリだったから。一番揺らいだ国は、イタリア。行かなかった理由は、自分の体がイタリア向きではなかったし、イタリアのサッカーが好きじゃなかったから。スペインからオファーが来ていたら100％行っていたけれど……。そして僕は、海外よりも日本でプレーすることを選んだ。

J2に降格し、去っていくチームメイトもいた。少しでもレベルの高いところでチャレンジしたいという気持ちは皆持っている。その気持ちは理解できるし、その人の人生。だから「気にしなくていい」「思うようにやれ」と見送った。一緒にプレーできないのは残念だったけれど、

2013

J1復帰を決めた11月3日の第39節、熊本戦。試合後、チーム全員で喜び合った。

仕方がない。

Jリーグは結局、資金力があるチームが上位に来る。でも、「資金力があって強い＝面白いサッカー」かというと、それはまた別の話。面白くないけど資金力のあるチームを取るか、資金力はないけど魅力のあるチームを取るか。僕は、「資金力のあるガンバで魅力的なサッカーをする」ことを選んだ。

降格から1年でJ1への復帰を決めた。11月3日の第39節、ロアッソ熊本戦だった。数試合前から「昇格する」と確信していたものの、決まったときは皆で抱き合った。「1年での復帰」が、この年のチーム最大の目標だったから、達成できて心から嬉しかったし安心した。

■ブラジルW杯に向けての代表戦

ガンバがJ1復帰をかけて戦っていたこの

年、W杯出場をかけての最終予選もあった。

W杯は本選よりも予選のほうが厳しい。「アジア予選は勝って当然」「W杯に行って当然」というところからスタートするからだ。W杯の切符をかけて、選手は必死なのに……。

とくに、予選のホームのときが一番大変だったりする。選手の気持ちと、観ている人たちの気持ちとのギャップがとても大きいから。勝たなきゃいけないと散々言われ、サポーターからも煽《あお》られる。皆、日本が当たり前のように圧勝してW杯に行くと思っているから。

そんな状況下での試合は、チームは普段の数倍の力が入り、攻撃のスピードが速くなる。前に行きたいという気持ちが出すぎて、プレーも雑になる。同点だと、焦りはじめるタイミングも早くなる。

僕は常に、「普段通りにやればいい」と選手たちに言っていた。周りが攻め急いでいたら、

9月10日、キリンチャレンジカップのガーナ戦。遠藤の得点もあり3－1で日本が勝利した。

一旦ボールを持ち、ゆっくり落ち着いてやろうと。それが自分の役割でもあったから。それでも、なかなか普段通りにはいかない。くり返しになるが、予選のホームの戦い方が一番難しいと思う。とくに最終予選はいつも、早く突破したいと思っている。

W杯予選と立て続けに開催されたFIFAコンフェデレーションズカップは、ブラジルで行われた。ブラジルに行ったのは高校生以来。久しぶりのサッカー王国・ブラジルでの試合に気分は高まっていたものの……、結果は惨敗だった。自分たちが今までやってきたことが何もできなかった。ブラジルが簡単に勝てる相手ではないということはわかりきっている。それでも勝つための準備はしてきたつもりだった。でも、前半3分でネイマールにミドルを決められ、すべてが狂った。

ブラジルに勝つには、先制点を与えないことが大前提。先制点を許したら、相手のペースに呑まれてしまう。逆に、僕らが点を取ればきっと面白いゲームになる。失点せず、ボールを回して全体をコンパクトにすれば自由を与えずに守備ができる。そうすれば、勝機は必ずくる、そう思っていた。

まったく太刀打ちできなかったブラジルはやっぱり強い

ブラジルと対戦して思ったのは、選手との個人能力の差が大きいということ。臨機応変な動きで試合を有利に運ぶポジション取りや、素早い状況判断など。僕たちはまったくできていない。前に出るタイミング、決定力、すべてにおいて太刀打ちできなかった。個人の質を高めて、足りない部分を強化していかなければいけない。課題だけが残る大会となってしまったが、チームが次の段階に進むきっかけをくれた大会だったとも思う。

6月のコンフェデ後、8月から11月まで毎月親善試合があった。

11月の欧州遠征は、太ももの怪我を抱えながらのオランダ戦、ベルギー戦。ともに後半からの出場だったけれど、日本は2戦とも負けることなく、ベルギー戦では逆転ゴールで勝つこともでき、W杯イヤーである翌年に向けて、いい形で締めくくることができた。

■W杯予選通過は、ホームに持ち越し

3月末、5大会連続のワールドカップ出場をかけて、ヨルダンと敵地で戦った。引き分けでも日本の出場が決まる一戦。前半からゲームを自分たちのペースで進められている実感はあったものの、ヨルダンに先制されて0－2とリードされた。後半に香川（真司）がゴールを決めて、あと1点がほしいというところで、後半26分に僕がPKをもらった。

このとき、（本田）圭佑がいなかったこともあり、自然と僕が蹴ることに。ここで決めれば同点に追いつけるというチャンス、右サイドを狙って思いきり蹴った。感触は悪くなかったのだけれど……。キーパーにコースを読まれていたのか、ボールをはじかれてしまった。

僕はＰＫやＦＫに関しては、「自分が自信をもって蹴ったら、たとえ決まらなくても仕方がない」と割り切るタイプ。もちろん、ゴールを外せば残念だし、「チームに悪いことをしたな」という気持ちはいつもある。でも試合が終わった翌日には、「次のオーストラリア戦はホーム。ホームで予選通過を決めたほうが、みんなも盛り上がるでしょ」と、ちょっと強引な考え方だけど、前日の結果をポジティブに捉える方向に、気持ちを切り替えた。オーストラリア戦はテレビ中継が入ることもわかっていたから、「これでテレビ局は視聴率を取れるよね。俺、貢献してるな〜」と思考転換（笑）。ザックさんとも帰りの飛行機に搭乗する前、「ホームで（予選通過を）決めたほうがいいだろう」「そうですよね」と話したりして、そこで気持ちのケリはつけていた。

このＰＫのとき、観客によるレーザーでの妨害行為が話題になっていた。でも、僕自身はまったく気づいていなかったし、ＰＫに影響があったわけではない。周りで見ているほうだったら気づいたと思うけど、全然わからないし、何も感じていなかった。

妨害行為はレーザーのほかにブーイング、海外での試合では爆竹などもあるが、そういったものに僕はまったく影響されない。僕が影響を受けることがあるなら、それはピッチ状況。ＰＫの際に軸足を置く場所がデコボコだったり滑りやすかったりすると、ボールを蹴るときに気を遣わなければいけないということは確かにある。それは自分の中で調整すればいいこと。周りに振り回されてどうこう、ということはない。

選手同士で「壁ドン」してたかもしれない

2014年

■最後のW杯となったブラジル大会

３度目のW杯。「ベテラン枠」と言われ、気づいたらチームで最年長になっていた。

このとき、34歳。

世界には僕の世代で活躍している選手はまだまだたくさんいる。チームをひっぱり、下の30歳前後の選手たちが「まだ自分もこの先へ行けるんだ」と思えるように、存在感を示さなければと思った。

代表チームの意識の高さも、以前とは全然違った。これまではグループリーグ突破が大きな目標だったけれど、さらなる高みを目指していた。というのも、W杯を経験した選手が目標を高く掲げ言葉にすることで、初めて経験する若い選手も良い方向に引っ張られていたから。

ブラジル入りして数日後、選手だけのミーティングがあった。僕はドイツW杯の経験を話すことにした。「あのときほど情けなさを感じたことがない」ということと、「一試合でも多く勝って、日本のサッカー界を盛り上げたい」ということを。あの気持ちは今でも忘れられない。

２０１０年から４年間かけてやってきた攻撃的なサッカーを、ブラジルで見せよう。皆が気持ちをひとつにした。

初戦、僕はスタメンから外れていた。34歳の自分が外れ、31歳の今ちゃん（今野泰幸）も外れ……。「まぁそうなるか」と思って見ていた。

この年の前半はいいパフォーマンスができていたので、それが出場への支えになっていた。

2014

この調子が続けば、チャンスはあるだろうと。最初に若い選手を使いたいのは、どの監督だって同じ。別に焦りもなかったし、世代交代だとも思わなかった。

ブラジルW杯、3試合で1分2敗で敗退。僕はコートジボワール戦、ギリシャ戦と途中出場し、コロンビア戦は出番がなかった。もちろん全部最初から出場したほうが楽しいけれど、この歳になるとプレーだけじゃなく、チームがいかにして勝つかという雰囲気も大切なのだと知っている。途中から試合に挑むプレッシャーや難しさよりも、しっかり出番に合わせてアップしていくことが大変だった。

コートジボワール戦では、先制してから後手に回ってしまって、せっかくリードしていたのに、前半のリズムがよくなかった。ピッチに入ってから、ボールを保持する時間を増やしたかったし、追加点も取りに行ったけれど、うまくいかない。負け以前に自分たちのサッカーがまったくできなくて、そのショックの大きさはコロンビア戦にまで影響してしまった。前半の入り方はよかったけれど、いいときに点を取られる日本の悪いパターンが出た。チームがうまくいっていないときの戦い方、とても大事なそのアイデアが、僕たちにはまだ足りないことを実感させられた。

自分たちのサッカーができずネガティブな空気のまま終わったW杯

途中出場であっても、「僕が出れば何かを変えられる」と思っていたけれど、それも叶わなかった。自分たちの試合に持っていけなかったこと、チームも自分も力がなかったこと、それに尽きる。「もっと出場したかった」、そして「このメンバーならまだまだ上まで行けただろう」という悔しい気持ちが残った。

結局、このブラジルW杯もいいところなしで終わってしまった。W杯はいつだって難しい。どんなに自分たちがいい状態だろうと、簡単に勝たせてはくれない。

僕がなかなか泣かないせいか、僕の涙が記事になったことがある。2010年のW杯。だが、あのときと、このときの「涙」はまったく意味が違う。南アフリカW杯のときは「このメンバーでもっとやりたい、戦いたい」という涙だった。でも、ブラジルのときは、「何をやってたんだ俺らは」「情けない」というショックの涙。二度と経験したくない涙だ。

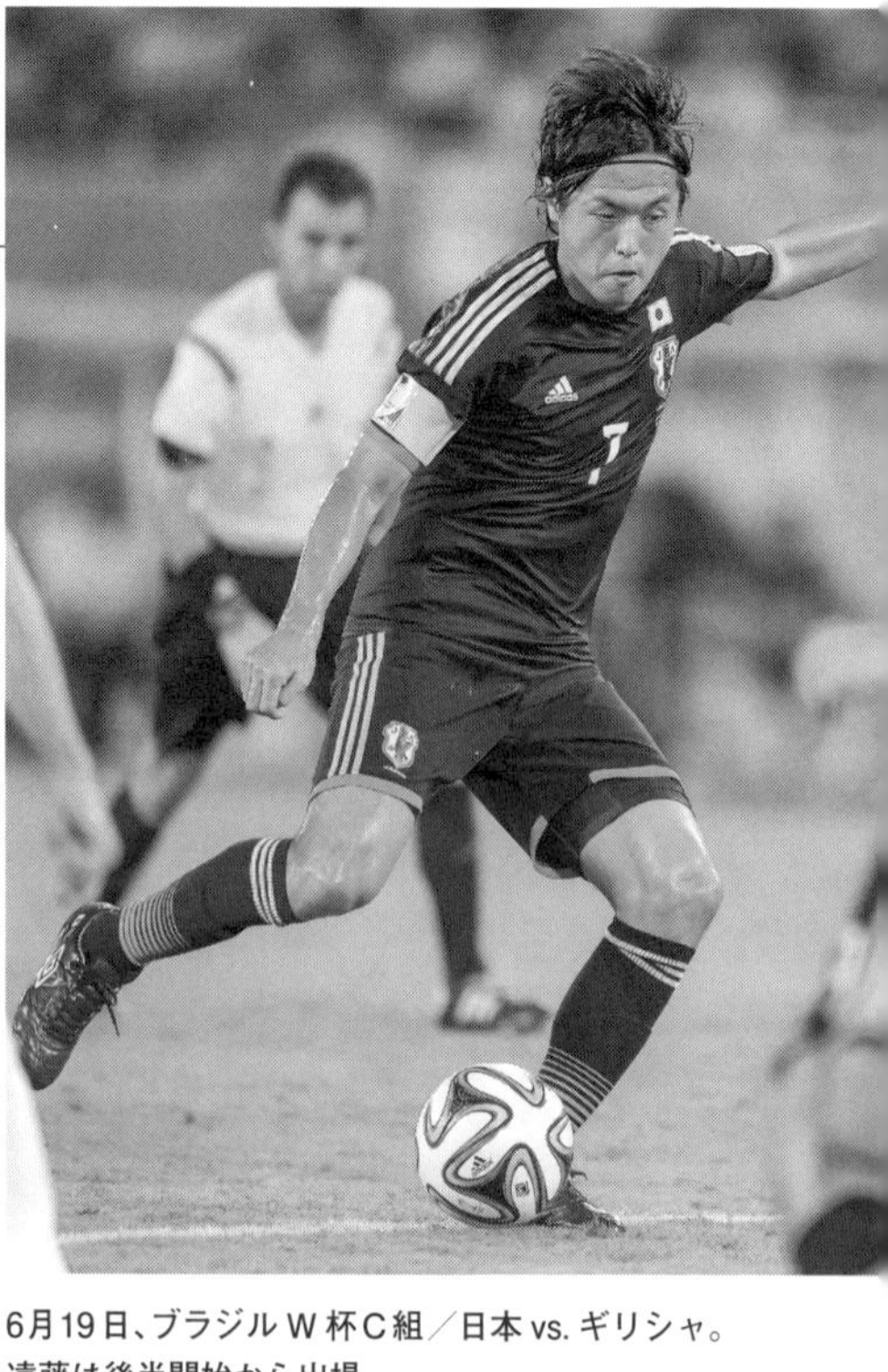

6月19日、ブラジルW杯C組／日本vs.ギリシャ。
遠藤は後半開始から出場。

■もう一度着たい代表のユニフォーム

W杯に臨む前から、チームはベストを尽くしたつもりだけど、やはりW杯とはそう簡単に勝てる大会ではないということを実感した。

すべてを終えたときに、もしかしたらこれが自分にとって最後のW杯になるかもしれない。そう思った半面、一度味わってしまうと欲は出るもので、4年後ももう一度日本代表として出たいという思いもあった。

代表のユニフォームを着るというのは、とにかくいいものだ。国を背負って戦う素晴らしさは、経験したものにしかわからない、かけがえのないものだから。

W杯が終わり、監督がザックさん（アルベルト・ザッケローニ）からアギーレさん（ハビエル・アギーレ・オナインディア）に代わった。アギーレさんの印象はというと、強面のメキシコ代表の監督だった人というだけ。でも、実際に会ってみると、スペイン語特有の舌を回すような早口のしゃべり方で、感情を表に出す人でもあったので「お、久しぶりに熱い監督が来たな」と思った。

アギーレさんとは、きちんとコミュニケーションを取れていたし、「ベテランとして、若手の見本になってくれ」と言われていた。監督の考え方次第だけど、僕は経験のある選手はいればいるほどいいと思っている。ベスト16を越えると総力戦になっていくから、ジョーカーとなりうる存在は一人でも多いほうがいい。その一人が自分だったと思う。

アギーレさんは経験豊富だし、分析に関しては間違いなく一流。それでいて情熱的な盛り上げ方をする監督は、今までにいなかった。怒るときは厳しく怒るし、いいプレーをしたときは思いっきり褒めてくれる。僕にとってだけではなく、日本のチームにとってもいい監督だった。

■昇格1年目でのリーグ優勝、そして三冠達成

リーグでは、J2から上がって1年目で優勝争いに絡むことができた。もちろん優勝争いまで行きたいとは思っていたけれど、J2から上がってきたばかりのチームなので、立場上あまり大きなことを言えなかった。改めてすごいことを成し遂げたと思う。

前半戦は調子が悪く、W杯によるリーグ戦中断前は降格圏の16位。首位とは14ポイント差をつけられ、J2への再降格がささやかれていた。でも、W杯後からの5連勝と7連勝で急激に順位を上げての逆転優勝。クラブに関しては文句のない成績で、劇的な年だった。

うまく流れに乗り、この年は、J1リーグ、ヤマザキナビスコカップ、天皇杯のすべてを制し、「三冠」を達成。J2降格が決まってから、皆悔しい思いをたくさんした前年。そんな苦しい思いを経験した者同士が、這い上がろうとひとつになったからこそ、「優勝」「三冠」という結果が出たと思うし、個人的にもチームとしても嬉しいことだった。

正直なところ、リーグ戦はレッズが勝つ（優勝する）と思っていた。あと3試合を残すのみのタイミングで、勝ち点も5ポイント差あっ

たから。それでも、11月22日の第32節で対戦したレッズの選手たちからは「勝ち」への意識しか感じられなかった。自分が同じ立場なら、「引き分けでいいや」とゆっくりボールをまわして時間を使うかもしれない。

優勝は厳しいと思っていたリーグ戦。でも、11月8日のナビスコカップでサンフレッチェに勝って優勝したことで勢いに乗れた。だから、その後のレッズとの対決を制し、リーグのタイトルと天皇杯も獲ることができたんだと思う。

■Jリーグアウォーズで初のMVP

ベストイレブンはこの年で11回目だったけ

12月13日、日産スタジアムで行われた天皇杯決勝でモンテディオ山形を下し三冠を達成。

ど、年間最優秀選手賞(MVP)受賞は初めてだった。サッカーは団体競技だから、個人がスポットを浴びるのはあまり好きではない。でも、MVPはそれだけ評価されてのことだと思うので、嬉しかった。もうすぐ35歳というタイミングでの受賞だったので、壇上では「サッカーは年齢じゃないというところをこれからも証明し続けたいと思っている」とスピーチした。

やはり20代のほうが体は動くし、無理が利く。ただ、この歳になると頭の中はかなり冴えていた。こういう試合展開になったらこうなるだろうという予測を立てられたのは、これまでの経験が蓄積され圧倒的に情報量も多くなっていたから。

そして20代よりも今のほうがガツガツしている部分もある。10年前は、何がなんでもというボールに対する執着心がまったくなかった。何がなんでも俺が行くという気持ちよりも、どこか冷静な自分がいた。でも年を重ねて感じているのは、気持ちはとても大切で、むしろそこからがスタート。自分の中の意識が、自然とそう変化していった。

体に関しては、基本の体幹トレーニングに加え、試合の中で感じたことをもとに、必要だと思った部位を鍛えていた。少なくとも、アジア最終予選がはじまった頃に比べて、体のデータは随分と変わった。体つきの変化はもちろん実感していたけれど、対戦相手と対峙しても当たり負けが少なくなった。

自分の感覚的には、体的にもブレーン的にも、2014年は良い年だったと思う。

自分の中でも「ラグビー」が盛り上がった2015年

■国際Aマッチ最多出場記録は今や自慢の数字

オーストラリアで開催されたアジアカップで、国際Aマッチ150試合を達成。

その後の出場を含めると、最終的な記録は152試合になった。

当時、記者会見の際に、35歳を目前にまだ伸び続ける要因を聞かれた。「自分はまだまだ若いと思っているから」と答えた。昔はピッチに立つために何をしなければいけないのかだけを考えていた。ピッチに立つか立たないかで、自分の評価が大きく変わるからだ。それが歳を重ねるにつれ、ピッチに立って監督が何を求めているのかを考える以上に、自分はチームのためにどれだけ働けるのか、どう働くのかという思考に変わっていった。そして、それに対する最低限の形づくりをして、あとは自由にやろうと。自由にプレーするのに大切なことは、度胸。僕は何も考えずにやっていることが多かったけれど、今考えると、そもそもトライできるかどうか、常に向上心を持てるかどうかがポイントになっていたと思う。もちろん、周りのサポートがあってこそで、そのおかげもあり150試合達成という記録にも繋がった。

引退した後、皆に自慢してやろう密かに思いながら伸ばした「記録」

―

実を言うと、まだ若い頃はそんなに数字を意識していなかったのだけど、やがてできるだけ伸ばしていきたいと思うようになった。なぜなら、引退したらその数字を自慢してやろうと思っていたから。だから、今、記録について誰かに聞かれると、普通に自慢している。「そうそう、俺、1位だから」と。

この年のアジアカップでは、代表の重みを改めて感じた。年齢を考えれば「若手を育てろ」と言う人がいるのも頷《うなず》ける。もちろんその意見もわかるけれど、自分にはまだその感覚がない。だから、まだできるということをとにかくピッチで証明するしかなかった。

準々決勝で、UAEに1－1からのPK戦の末に敗れ、2連覇することはできなかった。もちろん優勝することが目標だったから、それが

1月16日アジアカップのイラク戦で、国際Aマッチ150試合を達成。
特製ユニフォームを着てのセレモニーの様子。

叶えられずに悔しかった。だけど、サッカーとしては楽しくやれた。

僕は、グループステージから出場させてもらい、全試合で途中交代した。途中交代はもともとわかっていたことだし、その状況下で自分のやるべきことをやれた。だから、楽しかったのかもしれない。後半、ベンチに下がって試合を観ていると、「あと15分出たかった」と思うことも多かったけれど……。

アジアカップで優勝できなかったことで、「日本は弱くなった」とか、いろいろ言われていたことも知っている。もちろん、勝負の世界だから、結果が出せなかったら悪く言われるのも仕方ない。だけど、弱くなったわけでは決してない。僕の中では確かな手応えを感じていた。日本はすべての試合でボールの支配率や決定機の数で他国を圧倒。それでも優勝できなかった。

今振り返っても、勝てない理由を探すほうが難しい。前述したが、それでも勝てないのがサッカー。そこが面白いところでもあるのだけれど……。

悔いだらけの日本代表

自分にとってこのアジアカップが最後の日本代表になるとは思っていなかった。

今振り返ると、一番多く試合に出たし、一番の幸せものだと思う。

代表歴でいうと、13年。

年間の試合数が限られている中で、１５０試合以上出場できたことは、自分でもよくやった

2015

と思うし、誇りに思う。歴代の先輩方を追い抜き、出場数1位になれたのは最高の喜びだ。

　最多出場記録を更新するには、代表メンバーに選ばれなければならないし、監督の好むプレーをして試合に起用してもらわなければならない。……のだけど、僕は監督に好かれたいという考えを持って、サッカーをしたことは一度もない。ただ、自分の考えを貫き通すような我の強いタイプではないから、監督が代わっても、戦術が変わっても自然と対応できていたとは思う。

　よく、「この記録に至るまで活躍できた理由は何か」と聞かれることがあった。僕は、注目されなかったことが良かったんだと思う。注目されること自体は悪いことじゃないけれど、チヤホヤされると自分の立場を見失いがちになる。常に、周りには錚々《そうそう》たる顔ぶれがいたおかげで、僕はあまり注目も浴びずに活動でき、やるべきことに集中できた。僕のプレースタイルと同じだ。派手なパフォーマン

10月17日セカンドステージ第14節の浦和レッズ戦でＪ１通算500試合出場を達成。家族もお祝いに駆けつけた。

スで魅せたいというより、マジシャンのようにいつの間にか操っているような、わかりづらいプレーがしたい。目立たなくていい、裏方的な役割。似たプレーヤーもいなかったし。だから、数字を積み重ねることができたのだと思う。

長い期間、日本代表として使ってもらったけれど、それまでのサッカーに悔いがないわけではない。むしろ、悔いだらけだ。「あのときこうすればよかった」という、小さい悔いなら山ほどある。一番出場しているからこそ、誰よりも多く悔いているはずだ。

でも、大きな悔いはない。だから、〝悔いはたくさんあるけど、悔いはない〟という感じ。矛盾しているけど、本当にそう思っている。

■体の変化を受け入れてさらなる未来へ

高校卒業後からプロのピッチに立ち、いいときも悪いときもあった。

J1通算500試合出場は、僕にとっては通過点。これから先も出場を続けたいと当たり前に思っていた。なぜならこの年、横浜フリューゲルス時代の先輩である（楢﨑）正剛さんが、J1通算600試合出場を達成したタイミングだったから。だから、正剛さんに負けないよう頑張らなければと改めて思った。

正直、500試合は誰でもいけそうな気がするのだけれど、600試合は難しい。単純に数えても100試合出場するには3年はかかる。未来の想像をするのが好きじゃない僕は、これまで通りにやるべきことをやって、その結果そこにたどり着けたらと思っていた。
W杯が終わり、35歳になった２０１５年からは、また新たなサイクルに突入したように思う。体づくりの筋トレも、アプローチの仕方や仕組みを変えた。自分のパフォーマンスが落ちないようにだとか、新しい刺激を加えて、この歳だからこその体の変化や感覚を楽しめるようになっていた。

体の変化を感じはじめた35歳 〝今〟を受け入れながらもっと楽しく

自分を磨くことやうまくなること、そのために努力することは、プロとして当たり前のことだ。もうひとつ、キャリアを積み上げていくうえで、大事なものがある。仲間の存在。自分の良さを引き出してくれる仲間がいるから、監督にも認められる。そして、出場という結果を残すための機会をもらえる。だからこそ、楽しみながら結果を求め続けられたのだと思う。

サッカー選手として一番嬉しいのは、やはり勝利したとき。ガンバでは２０１４年に三冠を達成し、２０１５年シーズンも天皇杯優勝（決勝戦は２０１６年１月１日）という結果を残すことができた。試合が多く、過密スケジュールの中で、チーム全員がタイトルを目指してきた。そんな中で、しかも2年連続で、タイトルを獲れたことは本当に嬉しかった。

アフロスポーツ

「リオ五輪」で
珍しくサッカーを観た

2016年

■ついに完成した新スタジアム

2016年は、吹田スタジアム（現パナソニックスタジアム吹田）での1年目。ホームスタジアムができたのは、チームにとって間違いなくいいことだ。たくさんの寄付をいただき、設備の整ったスタジアムでホームゲームを戦えるという環境は、選手にとってもクラブにとっても素晴らしいものだから。

建設現場が練習グラウンドのすぐ横ということもあって、「おー、建っていくなぁ」とできていく過程をずっと見ていて、スタジアムの中には完成の1ヵ月ぐらい前に入れてもらった。ピカピカの施設を目にして、「キレイだな」「ここでプレーできるのは嬉しいな」という気持ちになったけれど、実際に一番ワクワ

フォトレイド/アフロ

2月14日、プレシーズンマッチ「Panasonic Cup」が行われた。これが「市立吹田サッカースタジアム」のこけら落としマッチとなった。

クしたのは、やはりこのスタジアムでの第1戦だ。こけら落としマッチは名古屋グランパスとの対戦。新スタジアムでの初戦に勝てたのはよかった。

スタジアム建設にあたり、僕は「スタジアム内に、選手専用の宿泊施設を作ったらどうか」と提案をしていた。選手たちの前泊用として、寝るスペースと小さな冷蔵庫、テレビがあるくらいの部屋ができたらいいと思った。前日にスタジアムで練習をして、そのまま部屋に入って、そこで食事もできる。当日は下に降りるだけで、すぐ試合に臨める。そんな環境が整えば、選手としてはとてもありがたいと思ったから。

これを実際にやっているチームは世界にもほとんどないはずだし、「そういう施設が日本にできたら、すごいよな」と思っていた。結局、その提案は通らなくて残念だったけれど……。

■まだ諦めない「日本代表」

この年からは、日本代表に呼ばれなくなった。「そうなるだろうな」という年頃ではあったから、呼ばれなかったからといって、とくに危機感や焦りはない。選ばれないのはやっぱり悔しいし、「まだまだ代表でプレーしたい」という気持ちもあったから、そのためにもまずはチームで頑張らなければと思っていた。でも、「まだ自分にもチャンスはあるだろう」と考えていたから、ネガティブな気持ちにはならなかった。

代表に選出されるかどうかは、監督の好みや戦術スタイルによる部分も大きい。自分のプレースタイルが、このときの監督、ハリルさん（ヴ

調子がよければまだ機会はある 代表を諦めることはなかった

ァイッド・ハリルホジッチ）の求めるスタイルではないという声もあったけれど、監督好みでない選手だって代表入りしている。たしかに、フィジカルが強くて前に行けるボランチが主流になってきてはいたけれど、調子がよければ僕にもチャンスがある。そう考えていた。

だから選出されなかったことはあまり気にせず、普段と変わらないプレーをしていた。チームが勝てないことに対するもどかしさはあったけれど、代表に呼ばれないことに対してもどかしさはとくになく、チームに全力を注いでいた。

夏に行われたリオ五輪では、同じチームから代表に選出されていた井手口（陽介）と藤春（廣輝）を応援していた。とはいっても、観たのは日本の試合だけ。藤春がオウンゴールをしてしまったから、落ち込んでいるだろうと、チームに戻ってきたときには皆でイジってあげた。

当時、僕はキャプテンだったけれど、キャプテンらしいことはほとんどしていない。聞かれれば答えたり、求められれば何かをしたりはするけれど、自分から積極的に働きかけたり、動いたりということはなかった。選手それぞれ見ている画が違うし、僕はいちプレーヤーだから、ほかの選手のプレースタイルや見ているものを自分色に染めるつもりは一切ない。だから、ほかの選手に口は出さないというのが、現役時代の自分の方針だった。今後、自分が監督になったときには、もちろんチームを僕の色に染めあげるけれど……。

■強いチームであるためにすべきこと

2016年を振り返ると、ガンバとしてはイマイチ波に乗り切れないシーズンだった気がする。ファーストステージは6位、セカンドステージは優勝争いから脱落して4位。僕的には、ファーストステージがこの内容で6位という上位であることに驚いていた。調子の悪い要因はいろいろあるけれど、ひとつは、ACLを戦いながらリーグ戦をやっていたということが挙げられると思う。ACLを戦うときは、どうしても過密スケジュールになる。

ガンバは元日（天皇杯）まで試合があったし、16年シーズンは試合数も多かった。選手に蓄積した疲れなどが多少なりとも関係していたのかもしれない。もちろん、そういった過密スケジュールには皆慣れているから言い訳にすぎないけど、やはりシーズンの最初のほうでつまずくと、後の試合に響いてしまうということはよくあることだ。

ただあの頃のチームはそもそも、攻撃のバリエーションが多くなかった。とくにファーストステージでは、前への意識が強くなりすぎて攻め方が単調になっていた。ときにはパスを回して、余裕をもって攻めるというような緩急をつけた攻め方ができていなかったと思う。また前に攻めていきたい攻撃陣と、後ろに重心を置きたい守備陣との間で考え方にズレがあり、うまくバランスを取ることができずに終わってしまった。

10月のＹＢＣルヴァンカップの決勝戦では、ＰＫ戦までもつれこみ、結果、優勝を逃してしまったけれど、リーグ戦に比べれば、戦い方をだいぶ修正できたように感じられて、それは収穫だった。そういった流れも含めて、セカンドステージでは多少、波に乗れた感があったものの、相手に対して余裕を持って勝てた試合はほとんどなかったという印象だ。

もともとガンバには〝攻めて勝つ〟というクラブの伝統があるから、守備に比重を置くスタイルだと選手の中にも戸惑いが生じるし、チーム本来のよさは発揮しづらい。もちろん選手は、基本的には監督が考えるサッカーをしなければならないけれど、その中で自分たちは何をすべきか、何ができるのかを一人一人が考えなければならない。この年は、それがなかなかできていなかったんだと思う。

自分としては「できるだけ多くの試合に出たい」という気持ちがあったけれど、「全試合、フル出場したい」とはまったく思っていなかった。そういう気持ちもあったのは30歳そこそこぐらいまでで、35歳を過ぎてからは、それが体力的に難しい部分もあると実感していた。だから、たとえば監督から、「疲れがあるだろうから、連れて行かない」と言われたら、「そうですか」と素直に受け入れていた。

この年は前半途中からボランチではなくトップ下のポジションでプレーする機会が増えたけれど、僕自身はボランチにこだわりはなく、「ト

2016

ップ下でもいいかな」と思っていた。ポジションメ的には、ボランチよりも5m前に出ているだけ。でも見える景色は違うし、相手からのプレッシャーも厳しい、そんな新鮮な環境も含めて楽しんでやれていて、自分的にはそれがいちばん大事なことだった。

トップ下でプレーするにあたり、（長谷川健太）監督から求められたのは、攻守の切り替えをキッチリやること、球際で激しくいくこと、ボールを取られたら全力で取り返すことなど、トップ下として当然やらなければいけないことだけ。それ以外は自由にやらせてもらえていたから、ストレスはなかった。10月末には、J1通算100ゴールを達成。もちろん嬉しかったし、成し遂げている選手も多くはないのでありがたいと思っていたけれど、ゴールはゴール。その記録に浮かれることはなかった。

10月29日セカンドステージ第16節、アルビレックス新潟戦でJ1通算100ゴールを達成。

いつだったかヘアバンドを忘れたとき、チームメイトの岩下敬輔が貸してくれた。この年に一瞬だけつけていた、いつもと違う太いヘアバンドがそれ。つけやすかったから何回か使ったけれど、僕にはやっぱり細いほうが合っていた。

7
Panasonic

移動中は
『ニンテンドースイッチ』で
「マリオカート」や
「みんゴル」をやっていた
2017年

■まだやれる自信があった日本代表

日本代表については声がかからない日々が続いていたけれど、「チャンスがあれば、メンバーに入りたい」という思いはずっと持ち続けていた。（ハビエル・）アギーレさんのときは途中から呼ばれ、アジアカップなどを戦うことができてとても楽しかったから、「もうちょっと代表でやれたらいいな」と思っていた。

ただ、2015年に日本代表監督がハリルさん（ヴァイッド・ハリルホジッチ）に代わってからは、代表のプレーの質がまたガラリと変わった。自分とは異なるプレースタイルを求めている監督だというのはわかっていたし、もちろん年齢のことを考えても、「そりゃそうだ」「呼ばれなくても当然」という考えでいたから、とくに腐ることはなく、むしろ「なんとか滑り込めたら、カッコいいな」と思っていたぐらい。選手はとかく年齢で判断されがちだけど、僕は37歳でも代表でやれる自信はあったし、「今はリストに入っていなくても、最後の最後で選ばれればいい」と思っていた。

日本代表に呼ばれていないときは、自分のチームで、チームのために全力を尽くす。それが自分の変わらないやり方だった。

■ボールを触った結果のオウンゴール

この年のACL、ガンバ対済州ユナイテッドFC戦。前半43分、僕が相手のFKをクリアしようとした動きが結果的にオウンゴールとなり、相手に先制された。

2017

そのとき、僕はキッカーからいちばん近い位置に立っていて、ボールがギリギリのところに来た。こういう状況の場合、「ボールを触れるのであれば、触る」というのがサッカーにおいては常識だ。だから「触りに行くしかない」という気持ちでボールに向かっていった。頭を引っ込めるという選択肢はなかった。僕が触りに行くつもりで動いているのを後ろにいる選手も見ているし、僕が直前でその動きを変えると、後ろの準備が整っていないからだ。途中で頭を引っ込めるぐらいなら、最初から諦めてもう跳ばない。触りに行った結果、それが先制点になってしまったことに関しては、「仕方がないな」という気持ちだ。自信をもってやったプレーに対して後悔はまったくないし、他の選手が自分と同じようなことをしても、僕は一切責めない。

J1リーグ開幕戦。ホームで行われたヴァンフォーレ甲府戦の様子。

この試合ではクラブ史上ワーストの4失点を喫した。オウンゴールを引きずったわけではなく、パス回しがうまくいかなかったことが原因だと思っている。どんなに調子がいいチームでも、年に数回はそういう状況に陥る。それがたまたま、この日に当たってしまったということだろう。サポーターが荒れていたけれど、僕らは、言われて当然の立場。激しい言動も観客の気持ちの表現のひとつだと、僕は受け止めている。

■なかなか勝てない停滞ムード

9月に長谷川健太監督の退任と、レヴィー(・クルピ)さんが新しく監督に就任することが発表された。健太さんとは2013年からやっていて、チームとしては〝魅せて勝つ〟サッカー

ACLグループステージ第2節の済州ユナイテッド戦。1−4という苦戦をしいられた。

2017

というよりは、守備でしっかり土台を固めて勝ち切るという堅実なサッカーを目指していたと思う。それで三冠を獲り、実績は残せた。そこからのレヴィーさんの監督就任は、まさに〝心機一転〟という感じだった。健太さんがチームに残してくれたものはとても大きいけど、より攻撃を重視したチーム作りを目指したいという意向でレヴィーさんになったのだと思うから、自分としてはこのまま、攻撃重視の姿勢を出していけばいいと考えていた。心の内にはただ、「またタイトルを獲りたい」「強いガンバを取り戻したい」という思いがあった。

ネガティブな雰囲気がチームを支配ズルズルと引きずってしまった

しかしそんな思いとは裏腹に、チームはなかなか勝つことができず、負けるか、引き分けの試合が12月の最終戦までずっと続いた。この原因はただただ、チームがうまくいっていなかっただけだと思う。試合で負けが続けば、選手は自信を失いがちになるし、試合中、たとえ勝っていて優勢でも「どこかで逆転されてしまうんじゃないか」と不安がよぎる。そういったネガティブなムードがチームを支配してしまっていたから、僕は「とにかく早く、1勝したい！」と思っていた。

勝ちが遠ざかっている結果を前にすると「それにしても……」と思わざるをえなかった。とにかく「早く、チームの重い空気を取り除きたい」と思う日々。

このときも僕はキャプテンを務めて

いたけど、「キャプテンとして頼りにされている」とは感じていなかった。コーチとはわりと話していたので、そのタイミングで「選手たちはこう思ってますよ」と話したりはしていたけれど、自分が〝キャプテンとして〟何かをしたということはなかったと思う。

■持ち直せなかったふがいない現実

プロ生活20年目に入ったこの年は、8月に20年連続ゴールを記録、MF登録での歴代最多得点ということになった。ゴールに絡むことも自分の仕事のひとつだと考えているし、シーズン初のゴールだったからもちろん嬉しさはあったけれど、その試合も結局は引き分けてしまったから、悔しい気持ちのほうが強かった。

この年のリーグ戦は結局、9月から12月まで一度も勝利をおさめることができないまま、シーズン終幕。クラブ史上ワーストの10試合勝ちなしという、ふがいない現実が残った。

このシーズンで、同級生の加地（亮）が現役引退した。ずっと一緒にやってきた仲間だし、「もっと一緒にやりたい」という気持ちはあったけれど、サッカー選手の平均で考えると、37歳というのは現役引退のタイミングとしては遅いほうだから、「お疲れさん！　俺はもうちょっとやるよ」という感じだった。寂しさというよりは、「よくやった！」という思いが大きかった。いろいろな事情で引退を余儀なくされる選手もいる中、幕引きのタイミングを自分で決められるというのは、幸せなことだと思う。

とくにコレという ブームがなかった 2018年

「エモい」って何？

■結果が出せずに、続く監督の解任

2018年の滑り出しもなかなかうまくいかず、苦しい時期が続いた。よくあること。僕はそう思っていた。調子のいい時期は多少問題があってもうまくいくけれど、調子が悪くなり結果が伴わなくなってくると、全体の歯車も噛み合わなくなって泥沼にハマる……というのは、サッカーに限らずどの世界でもよくあることだから。

新監督のレヴィーさんは、名古屋での開幕戦のダブルボランチに20歳の選手を起用するなど、結構若手を使うタイプの監督だった。外国人の監督はそういった大胆な采配をする人が多い印象で、その点では若手にとって、すごいチャンスを与えてくれる監督だったと思う。でも残念ながらそのやり方では結果が出ず、勝てないムードをズルズルと次に引きずり、チームはベテランの力に頼るという状況になってしまっていた。僕や今ちゃん（今野泰幸）、東（東口順昭）など日本代表でバリバリやっていた選手が、年齢を重ねてチームでも上の世代になる。でも、そういう選手は試合にずっと出続けるので、下の世代は試合に出る機会が少なくなり、若い選手が育ちにくいという側面が出てくる。これはたぶん、いい選手がいるチームの悩みのひとつなんじゃないかと思う。

「どこかで立て直したい」という気持ちはあって、ようやく勝てたのは3月14日に行われたルヴァンカップの浦和レッズ戦。「とにかく1勝して、チームを落ち着かせたい」という気持ちだったから、この勝利でようやくひと息

2018

つけた気がした。だがもちろん、そこから一気に調子が上がったというわけではない。勝ったり負けたりを重ねながら、少しずつ軌道修正をする日々が続いていた。そんな中、チームには「レヴィー・クルピ監督、解任」の気配が漂いはじめていた。

　スタートを失敗しなければ、ガンバはこれまでとまた違う、攻撃的で面白いチームになっていたのではないかと思う。レヴィーさんはとても経験豊富で勝ち方を熟知していたし、めちゃくちゃいい人だった。ガンバがもともと攻撃性の高いチームだということも彼自身がいちばんよく知っていたから、また、そんなチームに戻れるんじゃないかという期待もあった。それだけに、彼の監督時代に勝つことができなかったのは、僕にとっても残念だった。

　僕ら選手が監督の解任を知るのは、一般の人たちと同じくクラブの発表のタイミングだ。「もしかしたら……」という雰囲気はなんとなく察するが、そもそもチームの敗戦続きというのは、監督だけの責任ではない。選手たちは皆「この状況をどうにか好転させたい」と

チームの不調は監督だけの責任ではない
どうにかしなければと頑張ったが……

頑張っているし、僕としても自由にやらせてもらっている責任があるから、結果が出ないと「(監督に)申し訳ない」と心苦しい気持ちになる。

J1第9節、ホームでの大阪ダービー。セレッソ大阪に勝利し、最下位を脱した。

J1第14節の横浜F・マリノス戦。フル出場し、チャンスをつくるも1ー1で引き分けた。

新しい監督についての情報も、僕らに事前に知らされることはない。選手間で「次は、誰がやるんだろう?」と話題にはのぼるものの、公式発表までは何もわからないというのが実情だ。

2018

■新監督を迎えて、落ち着きだしたチーム状況

そして8月、レヴィーさんが退任し、ツネさん（宮本恒靖）が新しく監督に就任することが発表された。僕個人としては、かつて選手として一緒に戦っていた人が、所属チームの監督になるということにちょっと違和感はあった。ここまで近い人ははじめてだったから。それまで、U－23で指導している姿などを見てはいたけれど、ピンと来ないというか……。ただ僕としては、誰が監督であっても、「監督から求められるものをピッチで表現する」という姿勢に変わりはなかった。

流れが悪いときに流れをよくするのには、相当な労力がかかる。ツネさんとしては、チームを立て直しのために考えることがいろいろあったと思う。「J1に残留させるには、まずは守備から入らなければいけない」、「でも、もっと攻撃的に試合を運びたい」など。9月以降のリーグ戦では、引き分けから勝ちにもっていくという運びがうまくできるようになり、結果的にはこの年のリーグ戦で9連勝することができた。やっぱり勝ちはじめると明るいムードが戻ってきてよかったけれど、もともとチームには力のある選手が多かったから、僕は「チームが、ようやく普通の状態になってきたのかな」と冷静に受け止めていた。

この年は、元スペイン代表の（アンドレス・）イニエスタがヴィッセル神戸に入った。前年には、（ルーカス・）ポドルスキもヴィッセル神

戸に入団していた。個人的には「『選手の獲得にお金をかけてでも、チームを強くする』という方針のクラブが、日本にもようやく現れた」という感慨があった。

僕たち選手としては、素晴らしいテクニックを持った選手と対戦できるのは楽しみだし、観戦する人たちにとっても、世界的に有名な選手を日本で見られるというのは盛り上がるポイントだと思う。彼らの存在はクラブにもいい影響を与えてくれるから、Jリーグにとっては貴重な機会だったはず。同じピッチに立ったときは、ボールが取りづらく、動きが格段にスムーズ。それに視野が広くて、飛び込みづらいと感じた。観る人と同じ感想になってしまうけれど、「やっぱりうまいな」と思った。対戦できて、とても楽しかった。

■変わりつつあるサッカースタイルの主流

この頃から、フィジカルやハードワーク、走りを重視するチームが増えてきた。僕としては「サッカーって、そうじゃないでしょ?」と、自分がやりたいプレーとの間にズレを感じはじめていた気がする。サッカーが変わってきた時期だったのではないかと、振り返って思う。

データ重視、ハードワークのプレー 理想と食い違いはじめたサッカー

—— 新監督のツネさんもけっこうデータを意識

するタイプで、チーム全体がその影響を受けていた。僕は、戦術などを組み立てるにあたってデータを参考にするのはいいと思うけれど、そのデータを基準にスタメンを決めるなどの〝データありき〟の采配はあまり好きではない。フィジカルの強さやハードワークでプレーするタイプではないし、そこで競うサッカーにはあまり興味がないから。だから、「サッカーの楽しみがなくなってきたな……」と思うようになっていた。

この年にはロシアW杯が開催されたけれど、試合に関する記憶がほとんどない。ということは、たぶんテレビ観戦はしなかったんだと思う。監督が西野（朗）さんになったとか、乾（貴士）がゴールしたとか、そういった大きな情報は耳に入ってきていたけれど……。「出たかったな」という思いはあっても、だからといって「試合を観る」という行動には繋がらなかった。

そんな僕だけど、次のカタール大会での代表入りを全力で目指そうと思っていた。現役選手である限り、日の丸を背負って戦うことを諦めない。立てるのなら、あの舞台にもう一度立ちたいから。

11月のリーグ戦で、フィールドプレーヤーでは初のJ1通算600試合出場を達成。シーズンの残り少ない試合での目標は〝勝ち続けること〟だったし、この試合で勝てばチームのJ1残留を決めることができたので、キッチリ勝てたこと、そして600試合目を勝利で飾れたことは素直によかったなと思った。

この年、ガンバは9位でシーズンを終えた。

DAICEL
umbro
Panasonic
7
TOYO TIRES
10

イチローさんが
現役引退を発表し
心が揺さぶられた

2019年

■記録を更新し続けながらも、少なくなっていく出場機会

2019シーズンが開幕し、初戦のF・マリノス戦に先発。

記録としては「Jリーグ史上初の20年連続開幕戦先発」になった。

4月、大分トリニータ戦で22年連続ゴールを達成。当時チームは3連敗していたから、それを止められたのはよかったけれど、結果は引き分けで試合内容も満足のいくものではなかった。どちらの記録に関しても、メディアはあれこれ取り上げてくれたけれど、僕自身はそういった数字には興味がない。少しでも多くの試合に出て、目の前の敵に勝つにはどうすればいいか。考えるのはそれだけだった。

でも、僕の出場機会は徐々に少なくなっていった。ツネさん（宮本恒靖）が目指すサッカーのスタイルを考えれば、当然のことだと思ったけど、「そういった流れに負けたくない」という気持ちはあった。

試合にも負けたくないし、チーム内でのポジション争いにも負けたくない。若いときの気持ちに立ち戻ったような感覚だった。

思えばプロ2年目から、ほとんど全試合に出場というシーズンを送ってきた。この歳になって、「負けたくない」「試合に出たい」という想いを改めて意識するのは、よくいえば幸せなことだとも思う。20歳以上年が離れた若い選手とのポジション争い。技術面や頭脳面では、当然負けない。でもチームが「走る」「戦う」という〝現代サッカー〟に舵《かじ》を切っていたから、そ

2019

のスタイルに合わせるとなると、自分には足りないところが多いと思った。もともと負けず嫌いな性格だし、「俺はまだまだ成長したいんだな」と実感。原点に戻り、気持ちをもう一度奮い立たせて挑むシーズン、そのモチベーションは高かった。

ベンチに座っているだけだったり、出場時間が短かったりすると、どうしてもコンディションが落ちてしまう。だから、練習での追い込みをキツくした。全体練習の後、フィジカルコーチと残って強度の高いスプリントをやったり……。「それが俺に与えられた課題なんだろうな」と感じ取っていたから、年齢に関係なくガンガンやっていた。周りから「やめろ」と言われても、聞かなかった。試合にバリバリ出ている人に合わせていたら、トレーニングの強度が落ちてしまう。それは避けたかった。

■常に考える自分の役割

僕が途中出場するというときは、攻撃的に行くとき、試合を支配したいときだろうなと思っていた。僕の場合は、起用の狙いが明確にわかるから、求められている役割を理解してピッチに立っていた。

途中出場だと、それまでの試合で相手の動きなども見たうえでゲームに入れるので、苦労はない。ただ、いつ呼ばれるかわからないので、アップの時間が長くなって

チームが目指すスタイルなら
ハードワークのための練習を強化

8月2日のJ1第21節、ヴィッセル神戸戦に途中出場し、公式戦1000試合出場を達成。

先発が減り途中出場が増えてきた2019年。状況に合わせ自分の役割を果たし続けた。

しまう。

僕はスプリントをバンバンやれるタイプではなく、ずっと動きながら「まだかな、まだかな」と様子をうかがいつつアップするというタイプなので、その調整が少し難しかった。

気づけば、タイトルからもずいぶん遠ざかってしまっていた。タイトルというのは、獲れば獲るだけ味を知り、「もっと獲りたい」という気持ちが湧くものだ。何歳になっても、タイトルは獲りたいと思う。W杯も同じ。観ている人は「もういいだろう」と思うかもしれないけれど、あの場を経験した人間にしかわからないものがある。２０２４年現在、長友（佑都）が日本代表として頑張っているけれど、それは本当に素晴らしいこと。選手にとっていちばん気持ちいい場所だから、自ら身を引く必要はまったくない。出られるだけ、出続ければいいと僕は思っている。

8月2日のヴィッセル神戸戦で、公式戦１０００試合出場に到達した。記録が近づくとメディアから話題を振られたりもするので、なんとなく「そうか」とは思っていた。

2019

22年間で1000試合ということは、平均して年間約45試合を戦ってきたことになる。ほぼフルに出場しなければ、この数字にはならない。それだけ長い間、コンスタントに試合に出られているというのは、選手としてありがたく嬉しいことだ。ケガや累積警告があれば試合に出られない期間が生まれるわけで、そう考えると、基本的には数字に関心のない僕も「すごい記録だな」「我ながら、よくやったな」と思う。ただ、「(その記録は)まだまだ伸ばしたい」という気持ちのほうが強かった。まだ現役だったから。

ここまでやってこられたのは、もちろん自分の力だけではない。いろいろな監督との巡り合わせは自分にとって大きかったし、周りの選手に助けられた部分も多いから、自分に関わってくれた人たちには本当に感謝している。

自分でも自分の数字に感心する この記録は誰にも超えられない

この記録は、誰にも超えられないんじゃないかと思っている。というのも、最近の若い選手はすぐ海外に行ってしまうから。海外リーグの試合は強度が高くケガをする可能性が高まるし、日程も厳しいので、必ずといっていいほどターンオーバーが行われる。代表の試合数も少なくなってきているし、しかも僕の歳までやらないと超えられない数字だから。とんでもない鉄人が出てこないかぎりは、難しい気がする。

この年は出場28回、そのうち先発が20回、途中出場が8回。出場時間は1912分と、それまでに比べると大幅に減った。

DAIKEN
GAMBA OSAKA

新型コロナウイルスの流行で不安な日々が続いた
2020年

■開幕直後の中断と今後への不安

世界中を震撼させた「新型コロナウイルス感染症」。

２０２０年を振り返ると、それしかない。初めて経験するパンデミック。緊急事態宣言が出され、練習どころか外出まで制限された。

国内で初めて感染が確認されたのは、沖縄キャンプスタート直後だった。はじめの頃はまだ都市部での感染増加だったけれど、グングンと拡大していった。

「開幕はどうなるんだろう」

キャンプ地で全員が思っていた。

選手たちは時間ごとに分けて、個別練習をしたり、５〜６人の最少人数でグループ練習をしたり。飲料水も個人で持参するようにしていた。

今まで体験したことのないことを体験した。クラブハウスにも入れず、シャワーも使えない。いろんな自由がなくなっていく。僕たち選手も大変だったけれど、スタッフのほうがもっと大変だったと思う。

そして、２０２０年2月23日、Ｊ１リーグが幕を開けた。この日は横浜Ｆ・マリノス戦で、僕はＪ１最多出場の６３１試合に到達した。楢﨑さんの数字に追いついた記念すべき日。喜ばしい日、のはずが……。

結局、その開幕戦1試合だけでリーグ戦は中断。僕たちは自宅待機となった。はじめの1ヵ月は、どうなってしまうのか状況もわからず、とりあえず休み。「休み」と言われたので、オフと同様に家でのんびり。どうせやっても無駄だろうと、ランニングもしていなかった。「いつはじまるんだろう」「シーズンはどうなってしまうんだろう」と考えながら、ひなたぼっこ。

とはいえ、このときすでに40歳。先が見えない状況ではあったけれど、突然「再開するよ」と言われても体はすぐには戻らない。いつから体を動かすべきか、早めに教えてほしいと思っていた。

■パンデミックの中でのリーグ戦

再開したのは7月。再開するのは嬉しいことだけれど、観客なしのリモートマッチ。もちろん、無観客でやるシーズンは初めてだったので、どこか寂しさというか、違和感があった。いつもはなかなか届かない選手間の声もすごくとおるし、ベンチの人は全員マスクを着用しているし、さまざまな規制もあったし、ひと言で異様な感じ。

喜ばしい記録更新なのに無観客のスタジアムが寂しかった

7月4日、パナスタ（パナソニックスタジアム吹田）でのセレッソ大阪戦で、J1通算632試合出場。Jリーグでの新記録となった。とくに数字や記録にこだわっているわけではないけれど、このときのことはよく覚えている。いつもなら一緒に喜んでくれるサポーターたちがいるのだけど……。嬉しい反面、寂しくも感じた。

また、「記録」が伸びていく一方、心の中は

西村尚己/アフロスポーツ

ずっとモヤモヤしていた。リーグが再開したものの出場機会に恵まれず、試合に出なければ出ないほどコンディションも試合勘も落ちる。だから、そろそろ新しいチャレンジをするのもありだろうと考えていた。ガンバに移籍して20年、十分やりきったという気持ちがあるし、やり残したこともない。コロナ禍という特別な状況があったため、通常は年2回しか開かない登録ウインドーの3回目が10月に開かれることになり、それまでに自分の状況が変わらなければ、移籍に踏み切るのもありだと思った。

■自分の力を証明するための期限付き移籍

出場機会を求めて探した。1年間の準備期間があれば、いろんなところの話が聞けたのだけど、このときは1～2ヵ月程度しかなかった。他チームに行けるチャンスがあれば、そしてそこが自分の求めているようなプレーができるチームであれば。そう思っていたらジュビロが手を挙げてくれた。

10月5日、ジュビロ磐田への期限付き移籍を発表。

決してガンバとの間に不和を生じさせたわけではない。プライオリティはもちろんガンバが一番高いのだから。ガンバの社長、強化部長、監督のツネさん（宮本恒靖）と何度も話した。社長とは4～5回話したかもしれな

7月4日Ｊ１リーグ 第２節セレッソ大阪戦は、パナソニックスタジアム吹田にて無観客で開催された。

い。ガンバ同期入団の（山口）智にも相談した。クラブ側も不本意だったとは思う。でも、自分の気持ちも告げたうえで、ガンバでの状況が変わらなければ移籍しようと決め、きちんと段階を踏んで、「じゃ、チャレンジします」と、移った感じだ。ちゃんとコミュニケーションを取りながら。自分の思いを尊重してくれた両チームには感謝している。

試合に出ないと楽しくない。当時のガンバは自分が求めているサッカーとは正反対のサッカーだった。もちろん全力で合わせにはいったけれど、それでも出られない。「試合に出たい」という気持ちは常にあり……。ガンバからもありがたい言葉をいただいて、自分にも複雑な思いがあったけれど、自分の人生。しかも年齢的にも最後に向かっている中で、「もう一回自分

10月10日、J2第25節松本山雅FC戦。ジュビロ磐田へ期限付き移籍後初の試合。

の力を証明したい」そして「楽しんで終わりたい」という気持ちがあった。何歳まで続けるかは決めていなかったけれど、自分のわがままを通していただいたという感じ。

ジュビロへの移籍を決めたことを奥さんに告げると、「どうぞ」「好きにすれば」みたいな感じ。何のためらいもなくそう言ってくれた。まずは10月〜1月の契約だったので、「とりあえず3ヵ月くらい行ってくるわ」という軽い感じで磐田に向かった。

今考えれば、9月23日の第18節・名古屋戦がガンバでプレーしたラストマッチだった。お客さんが入っていたのかどうかも覚えていないし、この試合がガンバでの最後になるという意識はまったくなかった。というのも、このときはまだジュビロとの契約が決まって

2020

いなかったから。そこから1週間くらいでダダダダッと決めた。

ジュビロの当時の監督は政さん（鈴木政一）になったばかりで、パスサッカーを重視していた。とにかく繋いで楽しく攻撃的なサッカーだった。ジュビロに行き、まずは政さんと話をしたら、ゲームの組み立てとセットプレーからの得点力を高めたいとのことだったけれど、そのやり方に関しては、「好きにしろ」という感じで。うまくやれそうだなと思っていた。また、ガンバで一緒だった今ちゃん（今野泰幸）と（大森）晃太郎がいたことは、心強かった。お互いの性格もサッカースタイルも知っている選手たちだから。

20年ぶりの移籍で、一人暮らし。合流直後は二人に頼りながら、いろんなことを教えてもらいながら新生活をスタートさせた。

■40歳、浜松で単身生活をスタート

浜松や磐田は、とてものどかだった。でも、この歳で知らない土地での新生活は少なからずストレスが伴う。住みだした当初はどうなるかわからなかったけれど、人もとても優しいし、食べ物も美味しい。大阪と比べるともちろん都市ではなく、地方だなと感じはしたけれど、自然が豊かで結果的にとても住みやすかった。まったく新しい環境に身を置き、新たなスタッフ、新たな選手たちと触れ合うことで、僕のサッカー観にも変化が生まれるのではないか。そう思えた。

ジュビロでは、自分の力を示さなければとい

う、これまでとは違うモチベーションがあった。ジュビロはJ2でくすぶっていたので、自分が入ることで流れを変えて上位に行きたいという思いがあったはず。助っ人的存在なのだと理解していた。ンもジュビロが必要としてくれるプレーをしなければならないと考えていた。

ガンバでプレーするときとは違うモチベーションでサッカーをやるという楽しみもあったし、役割も多少なりとも違うので面白かった。

もう一度だけ自分の力を証明したい　ジュビロを元いた場所に戻したい

そして何より、自分の力をもう一度証明したい。ジュビロに入って、ジュビロが元々持っているものを自分がうまく引き出す、自分が入ることでよりよくしたいと思った。

僕が加入したとき、ジュビロは13位。「いい選手がいるのにもったいないなぁ」と思っていた。最終戦まで3ヵ月しかないけれど、まだ18試合残っていたので、「18試合あったらどうにかできるだろう」と。3ヵ月で変化させ、勝てるチームにする。結果を出して来シーズ移籍してから試合に出続け、フィジカル面が自然と高まる感じもあった。そして、「まだやれる（戦える）」と確信。ただ、僕一人で戦うわけではないし、結果を出してなんぼの世界であることはわかっている。全試合勝利することができれば最高だけれど、そんなにうまく

2020

いくわけもない。まずはミスを恐れずに、失敗をチームの成長に変えて戦っていきたい。そう思っていた。

ジュビロに来てからも、ガンバのことは気にしていた。一ファンとしてガンバのサッカーを見たときに、思ったことはひとつ。これは、ガンバにいる頃から思っていたことでもあるけれど、「こんだけのメンバーがいるんだから、もっと楽しくやればいいのに。できるはずなのに」と。でも、僕がそう思ってもガンバは2位という結果を残した。結果出してなんぼの世界、僕は何も言えない。ただ、ワクワク感とかドキドキ感とか、僕が好きなスタイルとは真逆のスタイルで勝っていたので、「ほんとにこれでいいのかな?」と見ていた。

「ガンバらしさ=遠藤らしさ」と言ってくれる人がいる。僕が積み上げてきたことでそう言われるのはもちろんありがたい。でも、僕自身はそう思っていない。そもそも僕は〝全員がキャプテンであれ〟と思っているプレーヤーなので。僕一人でやっていることではないから。

■ウイルス性肝炎で3度目の入院

公表しなかったけれど、実はこの年の12月、僕は再びウイルス性肝炎で入院していた。

12月17日、頭痛や風邪のような症状があり、薬を飲んでみたものの回復せず。副鼻腔炎ではないかと病院に行くと、すぐ入院だと言われた。風邪でも副鼻腔炎でもなく、3度目と

再び襲われたウイルス性肝炎
コロナ禍での入院はより辛かった

なるウイルス性肝炎。約1週間、熱は下がらず、立つことすらできず、動けない日々が続いた。しかもコロナ禍とあって、入院している間の病室への出入りはマネージャー一人だけ。家族にも会えず、ただただ辛い時間を過ごした。

退院したのは26日。今考えれば、クリスマスも病室で一人だった。

この病気は、何度経験しても「しんどい」のひと言。ケガはある程度防ぎようがあるけれど、ウイルスは防ぎようがない。医師に原因を聞いてみると、やはり不明。「ストレス」「疲労」ではないかと言われた。僕は基本〝ストレスゼロ〟なので、ストレスが原因ではないと言い切れる。自分でも感じていない疲れがあったのかもしれない。

移籍した直後、しかも、シーズン最後の2戦を残しての発症は、自分としても残念だった。チームに対しても申し訳なく、「早く治ってくれ」と思うばかりだった。

ジュビロはこの年、6位という成績で終わった。僕が入り、少なからずチームは前を向き出した。負けることも少なくなり、試合の内容も向上している。それは明らかだった。なんとかJ1に昇格させたい。そう思っていたので、残念な結果であったけれど、もっと強くなるチームだと確信。来年が楽しみなチームだと感じた。

2020

松山英樹さんが
マスターズ優勝。
歴史的快挙に感動した
2021年

■最大の目標は「J1昇格」

契約期間を延長して臨んだ2021年。

この年は僕の地元・鹿児島キャンプからスタート。

ジュビロ磐田をJ2からJ1に昇格させること。それが最大の目標だ。僕個人としては試合に出ること。そして、試合に勝ち続けること。まず、自分が試合に出なければ何の意味もない。試合に出なければ何の変化も起こせないから。とにかく「ひとつでも多くの試合に出て勝つ」ことを考えていた。それが自分にとっての「楽しいサッカー」ということだから。

前年の10月にジュビロに入り、ある程度、チームメンバーの名前と顔、性格などは摑めていた。3ヵ月でジュビロの雰囲気やスタイルなどを十分学べたし、逆に自分のプレースタイルをチーム皆が理解してくれたと思う。「今シーズンは何も考えず、〝とにかく楽しみながらJ1昇格〟」と掲げていた。前年、僕が入ってからの後半戦はいい成績を残したので、このままうまくいけばJ1に上がれると実感。僕としては、「J2優勝」を狙っていた。

あまり感じないプレッシャーを感じた年でもあった。

完全移籍したわけではないにせよ、監督やチームには「頼むぞ」と思われていたはず。その中で結果を出さなければいけないし、個人のパフォーマンスも上げていかなければいけない。自分には珍しく、「もし、今シーズンJ1に昇格できなかったら……」という不安もあった。

そして、リーグが開幕。

ジュビロは連敗でスタートした。僕は第5節で捻挫をしてしまい一時ベンチを外れた。なかなか理想どおりにいかない出だしだったが、「勝ち点は気にしない」「最後に2位以内にいればいい」と思っていた。

■勝つために変化するチーム

サッカーは、技術も戦術ももちろん大事だけれど、メンタルに大きく左右される。「1点くらいどうぞ、2点取ればいいんでしょ」と思えることが大事。「先に点を入れられたらどうしよう」と思いながらプレーするのとは全然違う。気の持ちようだと思う。強いメンタルを持つには「自信」が必要。前年後半からの勝利が皆をポジティブにさせ、点を入れられたからと焦らずに安定した戦いができるようになっていた。こうすれば点が入る、こうすれば勝てるというスタイルを見つけ、理解してプレーしていたから。攻撃的というか、しっかりとパスを繋ぐということを、不器用でもやっていこうと皆が思っていたので、チームがバラバラになることはなかった。その結果、開幕当初は負けが続いたけれど、第6節以降は安定して勝てるようになっていった。

5月の第14節・ザスパクサツ群馬戦では、

連敗からのスタートだったけれど焦らず安定した戦いができるように

ゴールを決めることができ、それがプロデビューから24年連続のゴールとなった。連続シーズン得点記録を更新。自分を応援し、支えてくれている人たちのためにももっと伸ばしたい。素直にそう思えた。

このシーズンの試合にはほとんど出ることができた。なおかつボールを繋いでたくさん点を取って勝つという監督の攻撃的スタイルが、本当に楽しかった。何不自由なく、ストレスもなく楽しめた1年だった。

このときはまだ指導者目線でサッカーを見てはいない。ピッチにいて、「今、選手交代するならこの選手がいいだろう」という程度。「俺、何歳までサッカーやるんだろう」と考えることはあったけれど、指導者を意識してはいなかった。それよりも、選手としては終わりに近づいているということは自覚していたから、日々を思い切り楽しもうと思っていた。

J2には、知らずにいた新しいチームがたくさんあった。秋田とか、行ったことのないところに行けたのは楽しかった。浜松からの移動は本当に不便で、大変だったけれど（笑）。J2は地方での試合が多いので2日前に移動したりとか、新幹線から特急電車に乗り継いだりとか。新幹線とバスを乗り継ぐというときもあった。これまでに乗ることのなかった乗り物に乗れて、大変だったけどそれはそれで楽しかった。

浜松にいる間はずっと一人暮らし。自炊もボチボチ。コロナ禍だったからあまり外食できる状況でもなかった。大人数での会食はもちろん

2021

ダメ。少人数で食事したとしても、自分がウイルスを持っていて感染させてしまう可能性がなくはない。極力、他人に迷惑をかけないように暮らしていた。

料理は簡単なものであれば作れた。大阪にいる頃から、子供たちにパスタを作って食べさせたりしていたから。鍋だって今の時代、簡単に作れる。野菜などの食材さえ買えば、おいしい

9月11日J２第29節、アウェーで行われたジェフユナイテッド千葉との一戦。3−1でジュビロが勝利。

J１昇格を決めた、11月14日第39節水戸ホーリーホック戦。「J１ゆき片道きっぷ」を手にした選手たち。

鍋の素で完成。美食家でもないし、おいしく食べられればそれでよかった。

■目標を達成し充実したサッカー生活

11月14日、第39節水戸ホーリーホック戦で勝利。念願のＪ１昇格を決めた。

一番の目標を皆の力で達成できたことは非常によかった。自分としてはもう少し早くに決めている予定だったけれど、３試合を残して決められた。勝ち点、勝利数、チームの得点数など、数字だけを見れば、ある程度は表現できたと思う。個人的にはもっと圧倒的に勝つような試合を増やしたかったけれど……。

シーズン終盤での監督の不在もあり、スタッフもプレッシャーがあったはず。そんな状況で、自力で、連勝して決めることができたことには満足しているし、シーズンを通して、自分たちが思い描くサッカーができて皆の自信にもなった。雰囲気や結束力はもちろん、ジュビロのサッカースタイルの確立など、さまざまな面でいい影響を与えたと思う。

この年は、心からサッカーを楽しめたシーズンだった。チームのＪ１昇格と、たくさんの試合に出て〝とにかくサッカーを楽しむ〟という２つを目標にしてやっていたので、いずれも達成し、充実した1年になった。

12月27日、ジュビロ磐田への完全移籍を発表。

ジュビロではほとんどの試合に使ってもらい、チーム最大の目標「Ｊ１昇格」を、「Ｊ２

優勝」という形で実現することができた。そして、来シーズンに向けての提案をいただいた。ジュビロのサッカーも自分の好きなスタイルで、移籍を断る理由がない、というのが正直なところだ。

この歳でいろんなことを成長させるのは非常に難しいことだ。ときには諦めることもある。でも、サッカーを楽しんでプレーするということは毎日できる。そういう意味では本当に楽しく、何のストレスもなくやれたシーズンだった。毎日が楽しいと思って過ごせた。怪我をして試合を休んでしまったことはあったけれど、チームにはきちんと貢献できたと思っている。やり残したことはとくにない。もちろん敗戦もあったし、引き分けもあったけれど、全部が全部理想通りにはいかないものだから。

自分で言うのもなんだけれど、サッカー人生において、僕はいい歳のとり方をしていると思う。この年齢になると、「歳だから」ということが多々出てくる。体力やスピード感などは若いときと比べればやはり劣っている。でも、自分のスキルを必要としてくれるチームがあり、そこでJ1昇格という目標を達成することができた。この年齢で試合に出られるという喜びを改めて感じられた。

最後までサッカーを楽しむためにジュビロへの完全移籍を決めた

なぜか日本ハムファイターズの「きつねダンス」が気になった

2022年

■優勝に絡むことよりもまずは「J1残留」

ジュビロ磐田がJ1復帰。

復帰1年目、この年がジュビロにとって、とても大事な年になる。

ただ順位を上げるだけではダメ。試合の内容も重要だ。ジュビロのサッカーが面白い、楽しいと思ってもらえれば、「あのチームでプレーしたい」「あのチームを応援したい」と、自然に選手もサポーターも集まってくる。

第一の目標としては「J1残留」。それを最大の目標に、ひとつでも上の順位を目指す。もし優勝争いに絡むことができたら最高の年になるだろうし、タイトルが獲れたらもっと最高の年になる。でも、この年は高望みせずに、まずは残留。そしてひとつでも上に行くことを目指してプレーすべきだと思っていた。個人としても、できるだけ多くの試合に出て、ゴールに絡み、勝利に導けるプレーをしたい。そして、自分のパフォーマンスを上げたいと。

視野・視点・判断力を鍛えればジュビロはもっと強くなる

J1とJ2ではスピード感が圧倒的に違う。単純なスピードだけではなく、考えるスピードも。そのスピード感に対応する判断力と目が必要になってくる。技術的にはさほど大きな差はないはず。目を養い、状況判断ができるようになれば面白いチームになる。それは間違いな

2022

い。〝ジュビロのサッカー〟というものを示し、定着させたい。そんな思いもあった。そのためにも、1試合でも多く出場して、チームに貢献したいと考えていた。

政さん（鈴木政一）が体調不良で退任し、新しく（伊藤）彰さんが監督に就任した。監督が代わっても、自分の役割はそんなに変わらなかった。でもチームには、監督が代われば少なからず変化はある。チームを作り直すには時間が足りない。

新たな監督の下、新たな戦術の下、J1の戦力に対してジュビロのメンバーがどう立ち向かっていくのか。不安でもあったが、楽しみでもあった。J1を経験している選手もそれなりにいたので、しっかり自分のプレーができればうまくいくのではないかと。なかなかうまくいかないところもあったけれど……。

リーグが始まり、J1はやはりレベルが違う、と改めて思った。

J1には知っている選手が多いので、その選手たちとまた試合ができることが嬉しかった。

体的な部分は、全体的に間違いなく落ちている。急激に衰えたという感じはないけれど、全体的に落ちてきていることは感じていた。でも、その衰えについてはあまり気にしていなかった。このとき、42歳。そんなの当たり前。

衰えを感じたのは40歳くらいから。「落ちてんな～」とは思っていた。当たり前のことだけれど、若い選手に比べたら、筋力や可動域の面で劣るところはたくさんあった。38歳くらいまではまだ普通にやれていたけれど、肉体的な伸びしろは、もうそれほど多くない。ただ、ボール扱いだけは、今でも落ちてはいないと思っているし、ネガティブな気持ちには全然ならなかった。

「(体力が)落ちてもやりますよ」という感じで。

体力的な部分では若い選手には負けてしまうけれど、たまに僕は、そんな若い選手に言っていた。「俺も昔はすごかったんだぞ」「今は無理だけどな」と。衰えを隠す必要もなかったし、隠そうとも思っていなかったので。無理なことは無理だと、監督にも言っていました。

無理をせず、今の自分ができる最大限で戦うだけ。自分がやるべきことをやるだけだと思っていた。

■移籍して初めての古巣・ガンバ大阪戦

3月12日に行われた第4節はガンバ大阪との対戦だった。

移籍して初めてのガンバ戦。選手たちもスタッフたちも、ほとんど知っている面子《めんつ》なので、久しぶりに会えることが嬉しかったし、リーグ戦で戦えることが楽しみだった。一方でなんだか変な感じでもある。長年ガンバのユニフォームを着て試合をしていたから、そのユニフォームが対戦相手ということも新鮮。

もちろんジュビロの選手である以上、相手がガンバだろうと、ジュビロのために勝ちたいとプレーしていた。敵であれば全力で倒しに行く。なかなかしっくりこない試合だったけど……。

３月12日のＪ１第４節は、遠藤の移籍後初めての古巣・ガンバ大阪との対戦。結果は１−１の引き分け。

まだ声を出しての応援ができない状況なのに、ヤマハスタジアムにたくさんのサポーターたちが詰めかけてくれた。そして、ガンバにとっては敵チームであるジュビロの僕をも盛り上げてくれた。すごいことだと思うし、感謝している。

僕は基本的に、試合前はロッカーから出ない。だからこの日も、試合前にガンバの選手たちと会話することはなかった。試合前、整列するときにちょっと話して、ゲームが始まったら、

ジュビロに移籍した僕を応援してくれるガンバサポーターには本当に感謝

近くにいる選手と少し言葉を交わすくらい。世間話は試合が終わってからバスが出るまでの間にした。

10月の第33節は、久しぶりのパナスタでガンバとの一戦。このときは一部声出しが可能な席もできて、少し「通常」が戻ってきた感じがした。

「やっぱりパナスタっていいな」

「プレーしやすいな」

改めてそう思った。

そして、パナスタで、多くのガンバサポーターの前で、ジュビロの選手として試合するのも新鮮だった。

僕はシーズンの途中で移籍した身、しかもコロナで無観客が続いている中での移籍だった。移籍会見という場があったものの、オンラインで挨拶してガンバを出てしまったような感じだったから、このパナスタでサポーターの皆に挨拶しなければと思っていた。

試合が終わって、ピッチをまわったとき、ありがたいことに皆がスタンディングオベーションで迎えてくれた。しかも、僕の（「7」の）ユニフォームを持ってくれている人がとても多いことにも驚いた。本当に感謝している。本当に。

ただ、挨拶するなら、万博記念競技場でや

れたら、もっとグッときただろうなというのが正直なところだった。パナスタができてからの年月と、僕が万博でやっていた年月を比べると、万博でやっていた年数のほうが圧倒的に長い。僕としても、万博のほうが「ガンバに戻ってきた」という感じがしただろうから。

■残留ならず、J2へ再び降格

この年のジュビロはJ1残留を目標にやっていた。うまくいかないことはたくさんあったけれど、手ごたえを感じた部分もある。そのせいか、負けているときでもチームにはポジティブな空気が流れていた。もちろん自分たちはチャレンジャーだから、負けて当然だという思いでぶつかっていた。いい部分も悪い部分も手ごたえを感じた部分も、皆で共有し、考え、積極的にコミュニケーションを取りながら戦えていたので、変な言い方だけど負けていても楽しかった。

パナスタでのガンバ戦でJ2への降格が確定。

残念だけれど、これが今シーズンの結果。力不足だったということだ。J2に降格したなら、またJ1へ上がれるように頑張るだけ。もちろん悔しい思いとか、もっとできたんじ

降格したなら再び昇格を目指すだけ
ジュビロをもう一度J1に戻したい

ゃないかという思いはあったけれど、自分がやるべきことはやった。小さい後悔はたくさんあるけれど、大きい後悔はない。クラブとの契約もあったけれど、降格したから移りたいとは一切思わなかった。もう一度、チームがひとつになって、J1に戻る。このチームをJ1に戻したいと思っていた。

ジュビロでの1年3ヵ月、とても楽しくやれていた。だから、やれる限りはやりたい。また来年も頑張ろうという気持ちだった。もしかしたら最後になるかもしれないという思いもありながら、とりあえず1年1年。まずは全力でレギュラーを獲りにいく。それが楽しみのひとつだった。

まだまだ面白いサッカーがしたい

この年はカタールW杯があった。

ご存じのとおり、僕はサッカーをするのは好きだけど、あまり観たりはしない。代表戦だろうと、リーグ戦だろうと。でもこのW杯は、ABEMAの番組での解説の仕事があり、観ることになった。そのとき感じたのは、フィジカル重視のサッカーが世界的に主流になっていること。

日本人選手たちの印象としては、自由にその瞬間瞬間の閃《ひらめ》きでやっている選手はほとんどいなかった。身体能力を活かしたプレーが圧倒的に多かった印象。僕の好きなスタイルとは完全に離れているけれど、決してそれを否定するわけではない。

2022

この歳になっても、「やっぱり出たい」と思うのがW杯。「10分でもいいから出してほしい」「10分間あれば流れを変えられるかもしれない」、そんなことを思った。しかし、今のサッカーでは、僕のよさを出すことが難しい。もし自分が今20代だったとしても、代表には選ばれないはずだ。

引退が近い自分を必要としてくれるなら もう少しサッカーを楽しみたい

引退のタイミングはもちろん考えるときに来ていると思っていた。同世代にもすでに引退する選手がいたし。僕としては、大きなケガをしたときか、自分のプレーがまったく通用しなくなったときには引退すべきだと考えていた。とはいえ、まだ選手でなくなる自分の姿が想像できず、それよりもサッカーをやりたいという気持ちが強い。ジュビロに来て、自分の思い描くサッカーをやれているという手応えもあり、サッカーを楽しめていた。

きっといつかは、いや近い将来、引退するときが来る。そんな僕を必要としてくれるチームがあるのであればどこでもいいからやりたい。まだ選手としてやりたい。そう思っていた。ただ、どんなにやりたくても、世間から「まだ続けるんだ……」と思われたくはない。体が言うことをきかなくなる前には引退するつもりだった。

スポニチ/アフロ

サッカーが大好きな
遠藤保仁が
現役引退を決意した

2023年

■プロサッカー選手として最後の1年

新シーズンがはじまる前に、目標を聞かれる。昨年J2に降格してしまったから、チームとしては、もちろんJ1昇格になるが……。僕個人としての新たな目標はとくになかった。

僕ももう43歳。パフォーマンスは30代のときの半分くらいになっていた。これまでは追いかけられる立場だったけれど、今や追う立場。しいて言えば、若手についていくことが目標だ。おもしろいことに、若手に負けないようにアピールするのも、デビュー当時に戻ったようで楽しかった。とはいえ……。

なんとなく、2023年が現役最後だろうとは思っていた。

ここ数年、引退しようとは思わないまでも、自分の体の衰えは感じていたし、それに合わせて、38歳を過ぎた頃から、できるだけ現状を維持することと、柔軟性を高めることを目的としたトレーニングに舵を切った。無理はしない。サッカーだけでなく、「サッカー選手生活」を楽しもうと思っていたから。

次の日のことは考えない。練習やトレーニングをするのも、試合に出る出ない関係なしで楽しかった。選手同士で愚痴も言い合った。自分の趣味であるゴルフも満喫できて……。勝負すべきときはもちろん勝負に徹するのだけど、勝負以外の場でも、すべてのことを心の底から楽しもうと思っていた。

そんな僕の希望をかなえてくれたのは、磐田だったからかもしれない。僕も元々は田舎

2023

育ち。都会と田舎のどちらに住みたいかと聞かれたら、迷いなく田舎。静かな場所で、しかも一人で生活していたから、自分の時間も多かった。奥さんは一人で大変だったと思うけれど……。大阪に戻ったときは、ずっと家族と一緒にいて。僕としては、サッカーに集中できて、自分の時間をたくさん持てたことは本当にありがたかった。

■ＭＶＰを受賞した「Ｊ30ベストアウォーズ」

この年の5月、Ｊリーグ30周年を記念した「Ｊ30ベストアウォーズ」が発表された。カズさん（三浦知良）や井原（正巳）さん、（川口）能活さん、俊（中村俊輔）などがベストイレブンに選ばれ、その中で僕はＭＶＰをいただいた。30年の中での1番。それも、今まで歴史を作ってきた先輩たちを含めた中で。

これまで、毎年の「Ｊリーグアウォーズ」で、12回ほどベストイレブンに選んでもらった。２０１４年にはＭＶＰもいただいたけれど、30年間でのＭＶＰに選ばれたのだから、数段嬉しかった。内心、「もっと騒いでくれていいのに」と、思うくらい。

とはいえ、僕はその授賞式の会場に行くことができずに、スクリーンでの参加となってしまった。30周年記念でのＭＶＰ、僕も参加して直接受賞したかったのだけど……。試合直前の平日、しかも練習時間と重なってしまっていた。まだ現役だったため、そのタイミングでは練習が優先。せめて授賞式が夕方であればと、本当に残念だった。

■現役に未練なし。引退を決意

引退を考えていることは奥さんにも話していた。奥さんは「あ、そう」「がんばれ」という感じ。ずっと、これが最後の1年かもしれないという思いでやってきたことを知っているから。

「引退しよう」

そう決めたのは、このシーズンの最後のほう。リアルに考え出したのは夏場くらいからだった。最近の夏の暑さは尋常じゃない。あの暑さの中での試合は「無理」だと感じていた。体の回復具合もだいぶ遅くなってきている。そのうえ、最近のサッカーではハードワークを求められる。この年は出場機会も減っていたし、ジュビロに来て、やり切ったという感覚もあったから。

ガンバでもジュビロでもやり切った 次なる道へ進もうと思った

2023

ここで決めた！　という決定的な瞬間はない。ゆくゆくは指導者になりたいという思いもあり、徐々に引退への思いが強まっていた。2つの選択肢からひとつを選んだだけだ。

「選手としてのモチベーション」と「指導者に向かってのモチベーション」。来年もこの暑さの中でやるのか、やれるのか。もっと出場時間が減るかもしれないが、その状況でモチベーシ

パナソニックスタジアムにて橋本英郎（元ガンバ大阪）の引退試合。ともに戦ってきた仲間たちとのサッカーはやはり楽しい。

ヨンが続くのか。いろんなことをトータルで考えた。その結果、思い切って指導者を目指そうと思ったのだ。

今の世の中のサッカースタイルに対して、「自

ニッパツ三ツ沢球技場で行われた中村俊輔の引退試合。これが遠藤にとって現役最後の試合になろうとは……。

分だったらこうするのにな」と思うことが増えてきていたのもある。

「自分が監督だったら」

そう考えることが多くなるにつれ、指導者への興味も強くなっていたから。

12月16日には、ハッシー（橋本英郎）の引退試合が、12月17日には、先に引退した俊（中村俊輔）の引退試合があった。

ハッシーの引退試合では、久しぶりにパナスタ（パナソニックスタジアム吹田）で、かつ懐かしい顔ぶれでプレーできて楽しかった。俊の引退試合でもまた、日本代表でともに戦った仲間たちとサッカーできて嬉しかった。

実はこのときには、自分も引退しようと決めていたので、「これがパナスタでできる最後の試合」そして「これが自分の引退試合になるのかもしれない」と思っていた。

引退することは、俊にだけ前もって伝えていた。試合終了後に、「もしかしたら引退する」と。

この年、（小野）伸二も引退。伸二もケガで苦労していたし、出場時間も少なくなっていたので、そろそろかなとは思っていた。伸二をはじめ、仲のいいメンバーたちには、引退することをグループＬＩＮＥで告げたと思う。発表当日に。本当に誰にも言わずに決めた引退だった。

２０２３年のシーズンがはじまるとき、監督の横さん（横内昭展）とスポーツダイレクターの（藤田）俊哉さんには「もしかしたら今年で現役を引退するかもしれない」ということは伝えていた。監督と強化部長だけが知っている状況。他のチームスタッフにも選手た

本当に楽しいプロサッカー生活だった支えてくれた方々、本当にありがとう！

ちにも言っていなかった。

情でメンバーに入れてもらうとか、そんなことは必要ない。横さんには最後まで一選手として見て判断してほしいとお願いした。勝負して出られなかったのならそれでいい。自分はそのためにジュビロに移籍してきたのだから。

選手やサポーターたち皆が知ってる中で、胴上げで終わるとか、セレモニーを用意してもらって終わる方法もある。そのほうが画的にはキレイかもしれない。でも僕としては、最後まで一選手として勝負したかった。最後まで遠慮なしに起用を判断してほしいと言っていた。だから監督も最後までプロとしての仕事をしてくれただけ。試合に出られなかったのは悔しいけれど、監督は監督の仕事をしてくれただけ。一切不満はない。

■たくさんの人に伝えたい「ありがとう」

2024年1月9日、現役引退を発表。

記者会見は行わなかった。あまり得意ではないから。でも、何も言わずに引退するのは、これまで応援してくれたサポーターたちに失礼だと思い、スタッフと相談し、YouTubeで伝えた。

引退試合も、前から話しているように、草

サッカー程度で十分。もしやるなら、引退するシーズンの最後に実施してほしいと思っていた。１年や２年空けて開催する人がいるけれど、そんなに時間を空けたら、動ける体ではなくなっている。さまざまな規定もあるとは思うものの、体を考えると時間は空けないほうがいいから。

でも、引退試合はお世話になった方やサポーターの皆さんに感謝を伝える場。だから、開催するときは、その時の自分の100％で臨みたいと思っている。

デビューから26年。まさかこんなに長くサッカー選手を続けられるとは思っていなかった。自分の性格もあってか、基本的に自由にやらせてもらった。本当に幸せなサッカー選手生活だったと思う。

20年所属したガンバ大阪でも、締めくくりのチームとなったジュビロ磐田でも、十分にやり切ったと自信を持って言える。

公式戦出場数・１１２９

日本代表国際Ａマッチ出場数・１５２

数字にこだわりはなかったけれど、引退した今振り返ると、やっぱり嬉しい数字だ。自分が記録した数字で、一番誇らしいのは出場数。出場時間もそうだが、僕のサッカー人生を一番物語る数字だから。自分自身が生んだ数字ではあるけれど、誇らしいと思うし、素晴らしいと思う。そんな記録を残せるよう、支えてくれたたくさんの人に感謝したい。

本当にありがとう。そして、お疲れさん！

2023

遠藤保仁 ―26年間の経歴・受賞歴―

1998年	●AFCユース選手権出場 ●天皇杯［優勝］
1999年	●FIFAワールドユース選手権出場
2003年	●FIFAコンフェデレーションズカップ（フランス大会）出場 ■Jリーグ優秀選手賞受賞　■Jリーグベストイレブン
2004年	●AFCアジアカップ（中国大会）出場［優勝］ ■Jリーグ優秀選手賞受賞　■Jリーグベストイレブン
2005年	●FIFAコンフェデレーションズカップ（ドイツ大会）出場 ●J1リーグ［優勝］ ■Jリーグ優秀選手賞受賞　■Jリーグベストイレブン

2006年
●FIFAワールドカップ（ドイツ大会）出場
■Jリーグ優秀選手賞受賞　■Jリーグベストイレブン

2007年
●AFCアジアカップ（東南アジア4ヵ国大会）出場
●ナビスコカップ［優勝］
●FUJI XEROX SUPER CUP［優勝］
■Jリーグ優秀選手賞受賞　■Jリーグベストイレブン

2008年
●FIFAクラブワールドカップ（日本大会）出場
●天皇杯［優勝］
●AFCチャンピオンズリーグ出場［優勝］
●パンパシフィックチャンピオンシップ出場［優勝］
■Jリーグ優秀選手賞受賞　■Jリーグベストイレブン
■AFCチャンピオンズリーグ MVP受賞　■日本年間最優秀選手賞受賞

2009年
●天皇杯［優勝］
■Jリーグ優秀選手賞受賞　■Jリーグベストイレブン
■アジア年間最優秀選手賞受賞

2010年	●FIFAワールドカップ（南アフリカ大会）出場 ■Jリーグ優秀選手賞受賞　■Jリーグベストイレブン
2011年	●AFCアジアカップ（カタール大会）出場「優勝」 ■Jリーグ優秀選手賞受賞　■Jリーグベストイレブン
2012年	■Jリーグ優秀選手賞受賞　■Jリーグベストイレブン
2013年	●FIFAコンフェデレーションズカップ（ブラジル大会）出場 ●J2リーグ「優勝」 ■J2 Most Exciting Player受賞　■Jクロニクルベスト　ベストイレブン
2014年	●FIFAワールドカップ（ブラジル大会）出場 ●J1リーグ「優勝」 ●天皇杯「優勝」　●ヤマザキナビスコカップ「優勝」 ■Jリーグ最優秀選手賞受賞 ■Jリーグ優秀選手賞受賞　■Jリーグベストイレブン ■日本年間最優秀選手賞受賞

2015年
●AFCアジアカップ（オーストラリア大会）出場
●天皇杯［優勝］
●FUJI XEROX SUPER CUP出場［優勝］
■日本代表国際Aマッチ通算152試合出場達成
■Jリーグ優秀選手賞受賞
■Jリーグベストイレブン

2020年
■J1最多632試合出場を記録　■ファン・サポーターが選ぶベストイレブン（J2）

2021年
●J2リーグ［優勝］

2022年
■23年連続開幕戦先発達成

2023年
■Jリーグ開幕30周年記念「明治安田J30ベストアウォーズ」MVP受賞

そして現在の僕はというと……

2024年1月12日、ガンバ大阪・トップチームのコーチに就任。

指導者の道に進みたいという自分の希望を聞き入れ、しかもトップチームのコーチとして受け入れてくれたガンバ大阪に、まずはお礼を伝えたい。少しでも恩返しができるように頑張ろうと思っている。

指導者としての一歩を踏み出すにあたり、コーチだけでなく、選択肢は他にもあった。クラブのアドバイザーという話もいただいた。でも、勝負の世界から離れたくなかった。勝負勘を鈍らせたくなかったのだ。常に緊張感のある、「勝つか負けるかで人生が変わる」ようなところに身を置きたい。ガンバには、トップチームのコーチをやりたいと希望した。勝負でもっともっとヒリヒリしたい。現役を長く続けてきたからかもしれない。と同時に、ヒリヒリする勝負の世界だったから、長く続けてこられたのだとも思う。

コーチとしての毎日は忙しい。チーム練習は10時から、その1時間30分前（8時30分）にスタッフミーティングが

始まる。

お昼頃に練習が終わり、昼食休憩後はまたスタッフミーティング。定時はない。監督しだい。スケジュールは週によるが、試合の翌々日（2日後）が休みになる。

僕は毎日6時半過ぎに家を出る。7時過ぎにクラブに着き、7時15分～45分くらいまでランニング。シャワーを浴び終わるのが8時頃。そして8時30分からのスタッフミーティングに参加している。現役は退いたものの、食事の量が変わらないから、体のために走っている。好きなものを食べるにはそれなりの調整が必要だ。

これまでとの大きな変化は、僕のデスクがあること。隣には別のコーチが座っている。オフィスの環境としては、たぶん会社員と同じ感じだろう。名刺もある。肩書は「コーチ」。クラブ間、選手間のやりとり用にメールアドレスもある。練習や試合のタイムスケジュールなどの連絡に必要だから。電話応対の仕事はない。

正社員ではないから、「契約社員」になるのかもしれない。

はじめは新鮮だったけれど大変だった。今では少し慣れてきた部分もある。選手のときは、椅子に長時間座るということがなかったので、腰が痛くなることが一番辛かった。

監督のダニさん（ダニエル・ポヤトス）とはよく話している。コーチとして自分に求められていることは何か。一番は選手と

2024

スタッフとのつなぎ役だと言われた。選手上がりで、よく知っている選手が多いから。きちんと意思疎通ができるようにする役割。あとは、監督やコーチのサポート。その2つが、今の自分の大まかな仕事だ。

これまでは、他の選手たちに自らアドバイスや指示を出したりはしなかった。指導者ではなかったし、感じてほしかったから。でも今は指導する立場。きちんと言葉にして伝えないといけない。しかも、瞬時に。プレーは一瞬一瞬で過ぎていくので、言うタイミングが難しい。試合が終わってゆっくり選手と話せるのなら、「あのときはこうしたほうがよかったかも」「あのときはいい選択だった」とは言えるけれど、僕の経験上、その瞬間に伝えたほうが効果的なことが多い。そうは理解していても、最初はなかなか言葉が出てこなかった。今もまだ慣れてはいない。

引退からすぐの就任のため、僕が一番選手に近い存在であることは確か。ダニが望むサッカースタイルに対して、選手の目線で、僕なりのアイデアを選手に伝えたり、選手個人の長所を伸ばすためのアドバイスをしたりもしている。ひとつの意見としてだけど、僕の考えを伝えることで選手の選択肢も広がるかもしれない。判断は本人がすればいいこと。よくなりそうだと思ったこと、気が付いたことは、どんどん言葉にしていこうと思っている。

スタッフはまわりをよく見なければいけない。選手のときとは違う観点や目線を持

2024

たなければいけない。選手目線も忘れずにだ……。スタッフ目線と選手目線、どちらかに偏らないように注意しなければと思っている。

すでにコーチを経験している先輩はたくさんいるけれど、誰にもアドバイスは受けなかった。僕には僕のスタイルがあると思うから。どんな生活スタイルになるのか気になったので、タイムスケジュールなどは聞いていたけれど。サッカーに関する具体的な仕事内容は聞かずに臨んだ。コーチとしての自分がどうあるべきかを、今、勉強しながら探しているところだ。

個人的には、〝適切に叱れるコーチ〟はいいコーチだと思う。さりげないひと言が言えるコーチとか。選手はやはり試合に出ていたら気持ちいいし、いい気分になる。調子のいい選手にあーしろこーしろと言っても効果はない。試合に出ていても顔色が優れない選手とか、ちょっとした変化に気づいて励ましたり、逆に調子に乗っていてプレーが雑になって集中力を欠いている選手にバシッと言えたり。そういったことができるコーチは、チームにとってとても大事だと思う。

時代的に怒りすぎたら問題になってしまうけど。ひと言ふた言パパッと言ってあげて、自分に足りなかったところを気づかせる。そういう人が必要だ。

僕は今、コーチとして一番下。ホーム戦

の場合は、試合を分析したり、ベンチに入って指示を出したりしているけれど、アウェーの場合は試合に帯同しない。アウェーのときは、クラブに残って試合に行かなかった居残り組の練習を見ている。練習メニューはフィジカルコーチと相談して僕が決める。自分で判断して決められることは、めちゃくちゃ楽しい。勉強になるから。もちろん試合もライブでチェックしている。忙しいと言えば忙しい。もう少しコンパクトにやれれば、そんなに忙しくならないのに……と、思いながらも、充実した毎日を送っている。

ガンバは、２０１４年にタイトルを獲って以来、まだリーグ制覇できていない。なので、スタジアムに飾られているのは、ずっと、中央で僕がシャーレを持っている写真だ。もう10年が経つ。それではダメだと監督が言うとおりで、僕もそう思う。優勝を重ねて、ガンバの象徴をドンドン変えていってほしい。そのためにも、コーチとして、ガンバの元選手として力になりたいと思っている。

僕はまだコーチになったばかり。この先、監督を目指すかどうかはわからないけれど、目指すとしたなら、「何を考えているかわからない」と言われる存在になりたい。考えが読めないけれど強い。そして面白い。「あの監督のもとでプレーしてみたい」と思ってもらえるような監督になりたい。理想だけを言うなら、プレースタイルとしては、もちろん超攻撃的。やるならばとことん。とんでもないテクニシャンを並べて、ハラハラドキドキする試合がしたい。もしかしたら勝てないかもしれないけれど、もしかしたら開幕から数節でクビになってしまうかもしれないけれど、それでもいい。スタジアム中を楽しさで沸かせてみたい。

ガンバ大阪のリーグ制覇のため自分にできることを精一杯やる

健康第一

Talk About YATTO

ともに戦った
戦友たちからの
メッセージ

Talk About YATTO

中村俊輔
SHUNSUKE NAKAMURA

今野泰幸
YASUYUKI KONNO

長谷部 誠
MAKOTO HASEBE

東口順昭
MASAAKI HIGASHIGUCHI

本田圭佑
KEISUKE HONDA

Special Interview

遠藤家3兄弟・長男
遠藤拓哉が語る
弟・保仁への想い

Talk About YATTO

SHUNSUKE NAKAMURA

中村俊輔

「チームの監督じゃなくて新チーム作ったほうがヤットらしい」

Profile

中村俊輔（横浜FCコーチ）　1978.6.24　神奈川県生まれ
［選手歴］日産FCJrユース ー 桐光学園高校 ー 横浜マリノス ー 横浜Ｆ・マリノス ー レッジーナ（イタリア）ー セルティック（スコットランド）ー エスパニョール（スペイン）ー 横浜F・マリノス ー ジュビロ磐田 ー 横浜FC
［Jリーグ受賞歴］00、13年MVP、99、00、13年ベストイレブン

「シドニー五輪のとき、ホテルの部屋で『ウイイレ』やったことを覚えてる。ヤットも強かったけど、僕のほうがもっと強かった(笑)」

遠藤保仁が「感覚が合う」選手として度々名前を挙げるのが中村俊輔だ。ともに中学時代にJリーグが開幕、高校サッカーで活躍して高校卒業とともにプロの世界に飛び込んだ。

「僕が4兄弟の一番下で、ヤットも3兄弟の一番下ですよね。あまり前に出るのが好きじゃなくて、自分が喜ぶより人に喜んでもらいたいタイプです。サッカーで言えば、ゴールよりアシスト。性格や育った環境が似ているんだと思います」

中村にとって遠藤との最初の記憶は、遠藤がJリーガーになってからだという。1998年、遠藤は鹿児島実業高校から横浜フリューゲルスに入団。前年、1学年上の中村は、同じ横浜を本拠地とする横浜マリノスでルーキーイヤーから27試合に出場、優秀新人賞を受賞する若手のホープだった。

「アキさん（遠藤彰弘）やマツさん（松田直樹）と一緒にパーソナルトレーナーのもとでオフにトレーニングをしていたところにヤットが来ることもあって。フリューゲルスで1年目から出ている選手がいることは聞いていて、それがアキさんの弟ということは知っていました。ただ、僕もまだプロ2年目でレギュラーに定着しているわけではなかったので、自分のことでいっぱいいっぱいの頃。他のチームの選手のことを気にしている余裕はなかったですね」

中村がプロ3年目、遠藤がプロ2年目の1999年から、シドニーオリンピックを戦うU-22日本代表でチームメイトに。代表活動中に中村と遠藤はホテルで同部屋になり、サッカーゲーム『ウイニングイレブン（ウイイレ）』に興じていた。当時の遠藤はU-22日本代表で試合に出場できないことが続き、中村に愚痴をこぼしていたというが、「全然覚えてない（笑）」と中村は回想する。

「『ウイイレ』をやりながらヤットの話を聞いていたんでしょうけど、サッカー観が同じ人ってわかり合えるから。愚痴られていると気づいてなくて、『そうだよな』と共感していたんだと思います。聞いていてまったく嫌な気持ちにならなかったから覚えていないんじゃないですかね」

ちなみに、『ウイイレ』の実力は「ヤットも強かったけど、自分が余裕で一番強かったですよ」と中村は笑みをこぼした。

記憶に刻まれるオシムジャパン時代

日本代表として長くプレーした中村と遠藤の初共演は、ジーコ監督時代の2003年6月11日パラグアイ戦。中村は攻撃的ミッドフィルダー、遠藤はボランチとして先発した。48試合で共闘した代表戦で、中村の記憶に残るのはイビチャ・オシム監督時代だ。「面白かった」。名伯楽の采配を中村が振り返る。

「以前のヤットは『守備が少し弱いボランチ』という見られ方でしたけど、監督がオシムさんになってからは『ボールを動かせる選手』という評価になった。ポジションも、ボランチじゃなくてトップ下とか攻撃的ミッドフィルダーに。オシムさんが印象的だったのは、僕が右の攻撃的ミッドフィルダーで、ヤットがトップ下、ボランチには（中村）憲剛が起用されたこと。横並びでヤットとプレーしたのもオシムさんのときだけ。もうちょっと長くやってみたかったですね」

2010年のワールドカップ南アフリカ大会のオランダ戦が、日本代表の選手として中村と遠藤がピッチで共演した最後の試合となった。それは、中村が日本代表としてプレーした最後の試合でもあった。

「僕が代表から離れた後も、ヤットは長く代表に選ばれていますからね。全体をコントロールする縁の下の力持ちというか。じつは、ゴールが決まる前の前のプレーでヤットが毎回絡んでいたり。ドイツ代表やレアル・マドリードで活躍した（トニ・）クロースもそう。そういう意味では、ヤットが海外のクラブでプレーしているところも見たかったですけどね」

オランダ戦から13年後の2023年12月17日、前年に現役を引退していた

「オシムさんのとき、ヤットと横並びでプレーした。僕が右の攻撃的ミッドフィルダーで、ヤットがトップ下。もうちょっと長くやりたかった」

中村の引退試合「SHUNSUKE NAKAMURA FAREWELL MATCH」で、再び両雄がチームメイトとしてフィールドに立った。そのタイミングで遠藤は自らの進退を中村に「ほぼほぼ辞めると思う」と打ち明けていたという。そして、2024年1月9日に遠藤は現役引退を発表。奇しくも遠藤にとっても最後にプレーした試合である「SHUNSUKE NAKAMURA FAREWELL MATCH」を、遠藤は「勝手に自分の引退試合でもあると思っていた」と語っているが、その点に関して中村は「意味がわかんないよね（笑）。引退試合って感謝をする場だから、ヤットくらいの選手は絶対やらないとダメでしょ」と発破をかけた。

監督に限らないヤットらしい未来

2022シーズンに引退した中村は、翌年から横浜FCのコーチに就任。遠藤もまた引退の翌シーズンからガンバ大阪のコーチに就いた。サッカー観が同じだという2人は、どのような指導者になっていくのだろうか。

「外からガンガン攻めていく監督さんもいれば、慌てて攻めないで一回ボールを持ってやり直そうっていう監督さんもいて。僕やヤットが好きなサ

「ヤットが監督……。強化部やGMとかのほうが合ってる気がする。自分のチーム作ったりね」

ッカーは後者。逆サイドまでボールを運んで相手のスライドが遅くなっているから今攻めようとか、強引に惜しいシュートを撃つよりも今は相手の嫌な外から攻めたほうがいいとか、相手の強さからみて今の時間は耐えないといけないとか、ゲームの流れを読む目が似ているんだと思います」

現在、中村はJリーグや日本代表の監督に必要なライセンスであるS級コーチの養成講習会を受講している。横浜FCのコーチと並行する日々は、多忙を極めている。

「同じサッカーだけど、やる側ではないので、違う見方をしなきゃいけない。選手のときはいいプレーをしたいとか、監督さんが要求していることに応えたいとか、いろいろ考えていましたけど、今は全く違う。だから、自分の経験をどこでどう活かすかを探りながら過ごしています」

盟友の中村は、指導者・遠藤をどう見ているのだろうか。

「ヤットは監督にはならないんじゃないかと思ってる。だってまだ〝無免許〟でしょ（笑）。ここから4～5年かけたとしたら、もうオジサンだよ（笑）。あと、ヤットはそこまで貪欲なタイプじゃないし、なんとなくやる人だから。監督というより、強化部やGM（ゼネラルマネージャー）のような立場が合ってるかもしれない。なんなら自分でお金を出して新しいチームのオーナーになってもいいし。そのほうがヤットらしいよね」

Talk About YATTO

YASUYUKI KONNO

今野泰幸

「グアルディオラのように時代をつくってほしい」

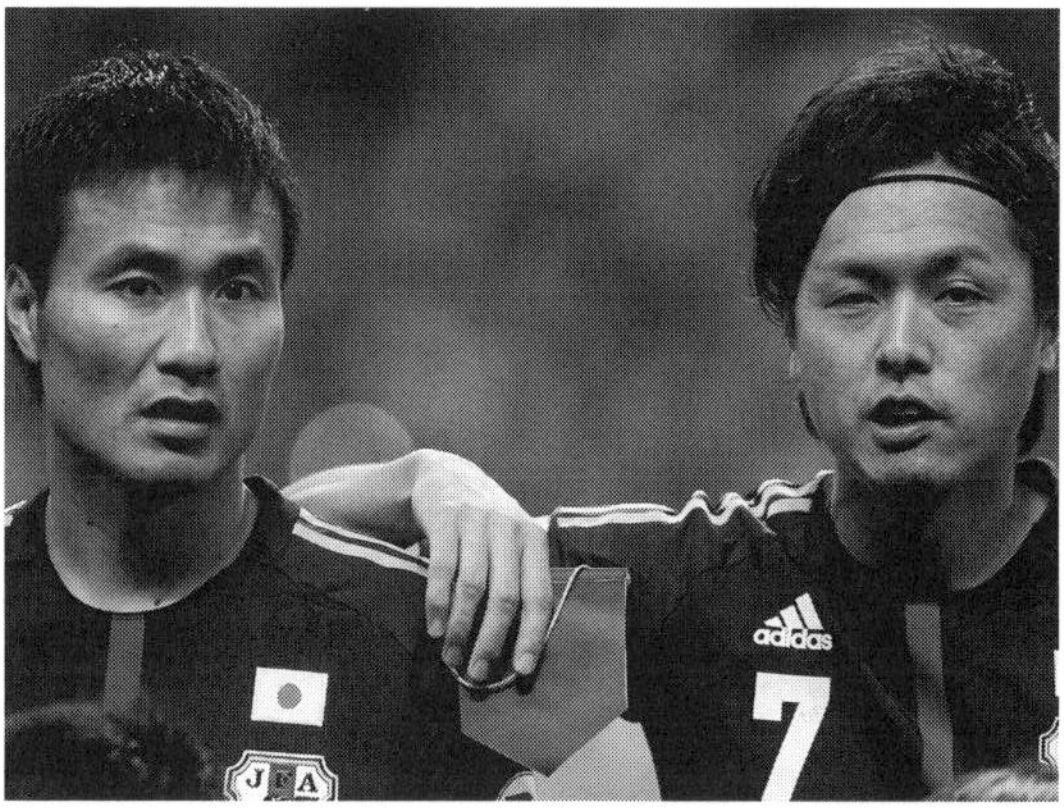

松岡健三郎／アフロ

Profile

今野泰幸　1983.1.25　宮城県生まれ
［選手歴］上野山FC － 山田中学 － 東北高校 － コンサドーレ札幌 － FC東京 － ガンバ大阪 － ジュビロ磐田 － 南葛SC

「ヤットさんとのダブルボランチでタイトル獲得。
あのときは、めちゃくちゃ嬉しかった。
ガンバに来てよかったと心から思った瞬間」

「僕がガンバ大阪に移籍したのは、ヤットさんと一緒にプレーできるから。ヤットさんから学びたいという思いもありましたし、いずれは超えたいっていう思いもありました」

2012年、今野泰幸はFC東京からガンバ大阪へと移籍した。アルベルト・ザッケローニ監督体制で唯一の全試合フル出場をはたしていたバリバリの日本代表の国内移籍は、大きな驚きをもって報じられた。

遠藤に対する思いだけでなく、「リーグタイトルを獲りたい気持ちが強かった」と今野は明かす。2011年は3位に終わったものの最終節まで優勝争いを演じたガンバは、今野という大型補強を敢行したことで7年ぶりのリーグ制覇に手がかかる……はずだった。

10年にわたって指揮を執り、多くのタイトルをクラブにもたらした西野朗監督の後を受けたジョゼ・カルロス・セホーン監督は、開幕から公式戦5戦未勝利という最悪のスタートをきって解任。チームは立て直せないままシーズンを戦い、まさかのJ2降格という憂き目にあった。ワールドカップ・ブラジル大会の前年に、日本代表のレギュラーである今野と遠藤がJ2でプレーするのは、異例中の異例のことだった。

「移籍して1年目で降格させてしまってめちゃくちゃ責任を感じていたし、落として1年で違うチームに行くなんて1ミリも考えていなかったです。ありえない。ただ、ヤットさんがよく残ってくれたなと思っていました」

新指揮官に就任した長谷川健太監督のもと、2013年のJ2を圧倒的な強さで優勝すると、2014年には史上初めてJ1昇格初年度で、リーグ、ナビスコカップ、天皇杯を制して「三冠」を成し遂げた。

「健太さんの存在も大きかったと思います。チームとしても、個人としても、巻き返してやろうという気持ちが強かったですし、ヤットさんとのダブルボランチで目標としていたタイトル獲得を達成できたときは、めちゃくちゃ嬉しかったです。ガンバに来てよかったと本当に思いました」

無二の親友であり、超えたいライバル

今野は遠藤のどのようなところに惹かれていったのか。話は2005年にさかのぼる。ジーコ監督に見出された今野は、2005年の東アジア選手権で日本代表に初選出された。

「初めての代表だったからものすごく緊張していたんですけど、ヤットさんと加地（亮）さんが気さくに話しかけてくれて。加地さんとはFC東京のチームメイトで、加地さんとヤットさんが仲良いから声をかけてくれた

と思うんですけど、ホテルの部屋でUNOとかトランプで遊んで緊張を解いてくれました」

２００６年7月に日本代表の監督になったイビチャ・オシム体制時から日本代表に定着した今野は、遠藤と代表活動をともにするようになっていく。

「代表期間中、ヤットさんにべったりになっちゃって。練習中は技術を学ぼうと思って近くで練習をしてました。バスで移動するときは、サッカーの話を聞きたくて、隣に座っていろいろな話をして。ヤットさんが日本代表の監督になったらこんな選手を呼んでこういうサッカーをするとか。引退したら一緒に飲食店をやろうとか、雀荘を開こうとか（笑）、冗談混じりにそんな話までしてましたね」

人生に大きな影響を与える遠藤は、今野にとってどんな存在なのだろうか。

「おこがましいですけど、友達、親友だと思っています。もちろん一緒に戦ったメンバーなので戦友だとも思います。直接言ったことはないですし、ずっと心に秘めていたんですけど……ライバルとも思っていたんですよね、正直。一人のサッカープレーヤーとしていつか超えてやろうという野望は持っていました。よくサッカーゲームで能力が数値化されるじゃない

「ヤットさんは僕にとって、友達、親友、戦友。もうひとつ、直接言ったことはないけどいつか超えたいライバルだった」

ですか。何か一つの能力に特化したら、もしかしたら僕のほうが上回っているところもあるかもしれないけど、全体値で見たら圧倒的に敵《かな》わなかったし、追いつこうと思ってもどんどん離されていく感覚でした」

ゲームでは数値化されない能力が、遠藤の本当のすごさだという。

「たとえば、メンタル。2012年のガンバ大阪で結果が出ないときに、心配になってヤットさんに『大丈夫ですかね？　ちょっとやばくないですか？』と相談しても、『大丈夫でしょ！　絶対いける！』とケロッとしているんですよ（笑）。ハッタリじゃなくて、本当に自然に言っている感じがするから、こっちまで勇気づけられる。その空気感が本当に独特ですね」

それは、トップ選手が集う日本代表のなかでも異色に映った。

「誰でも弱い部分はあるんですよ。弱い部分はあるけど、自分の気持ちを強く持って、『自分は強いんだ』って脳を騙してでも、メンタルが強いところを見せないといけない。でも、あの人はナチュラルに強いです。メンタルでヤットさんに敵う人はいないかな」

監督・ヤットを引退後の楽しみに

引退した遠藤は、古巣であるガンバのコーチに就任した。今野は「コー

「監督という仕事は、普通の人には務まらない。僕にはできない。ヤットさんは普通の人じゃないからできる（笑）」

チと監督では全然違う。ヤットさんは絶対に監督をやらないとダメ」と未来に期待を寄せる。

「時代をつくってほしいですね。ヨーロッパで言えば、（ジョゼップ・）グアルディオラが、ゼロトップとか、偽サイドバックとか、新しい戦術を持ち込むじゃないですか。ヤットさんも見ていて面白いチームをつくってほしいですね」

現在、今野は南葛SCに所属、関東リーグ1部からJリーグ入りを目指している。一方、遠藤をはじめとする日本代表の戦友たちは続々と指導者の道へ進んでいる。

「監督って本当に難しい仕事ですよね。選手を指導するだけじゃなく、チームを動かさないといけない。メンタルのケアだってしなくちゃいけない。しかも、成績が悪かったら最初に首を切られるじゃないですか。普通の人には務まらない。僕が首を切られたら、たぶん1年ぐらい寝込んじゃいますよ。ヤットさんは普通の人じゃないから（笑）。ヤットさんがどういう監督になって、どういうサッカーをするのかを観る。それが引退後の楽しみです（笑）」

Talk About YATTO

MAKOTO HASEBE

長谷部 誠

「ヤットさんらしい引退発表だけど なんだか復帰するような気がしてる」

アフロ

Profile

長谷部誠（アイントラハト・フランクフルトU-21アシスタントコーチ）

1984.1.18　静岡県生まれ

［選手歴］ランカーFC ー 青島東サッカースポーツ少年団 ー 青島中学 ー 藤枝東高校 ー 浦和レッドダイヤモンズ ー VfLヴォルフスブルク（ドイツ）ー 1.FCニュルンベルク（ドイツ）ー アイントラハト・フランクフルト（ドイツ）

「ヤットさんと初めて話したのは日本代表で一緒になったとき。『おお、遠藤だ』と、緊張した」

日本代表のキャプテンとして歴代最多の81試合に出場、世界最高峰のリーグ、ドイツ・ブンデスリーガでアジア人選手最多となる384試合に出場……、記録にも記憶にも残る男、長谷部誠。彼のプロとしてのキャリアは、浦和レッドダイヤモンズからスタートした。

藤枝東高校を卒業直後のルーキーイヤーとなった2002年はカップ戦1試合の出場にとどまったが、プロ2年目にはリーグ戦デビューをはたし、年間28試合に出場。その年にリーグ初ゴールもマークすることになるのだが、相手は遠藤保仁擁するガンバ大阪だった。

「ゴールのことも、試合に負けたことも、覚えているんですけど、当時はヤットさんと会話していませんでした。たぶん初めて話したのは日本代表で一緒になったときですね。当時のヤットさんは、Jリーグでも、日本代表でも、キャリアを築かれていたので、僕からしたら『おお、遠藤だ』という存在でした」

長谷部が日本代表に初選出されるのは、ジーコジャパン時代の2006年2月、アメリカ遠征のときだ。

「すごく緊張していたのでとにかくホテルの部屋にこもっていて、まわりの選手と話す余裕はなかったです。ヤットさんは話し出したらすごく話してくれるんですけど、進んで後輩に話しかけてくれるタイプではなかったので、自分としてはちょっと距離を感じていたかもしれません」

戦術の話をしなくてもわかり合える2人

岡田武史、アルベルト・ザッケローニと監督が代わっても、日本代表のダブルボランチは長谷部と遠藤のコンビがファーストチョイスだった。

「これだけ長い間一緒にやらせていただいたのに、試合や練習、ピッチ外で、戦術の話をほとんどしたことがないんです。感覚でやっていました」

長谷部の引退に際して雑誌『Number』で特集が組まれ、インタビューを受けた遠藤は「最初のころはやりづらかった」と答えている。その記事を目にした長谷部は、「初めて知った。そうだったんだ(笑)」と軽くショックを受けたという。

「僕はやりづらさとかも最初からまったくなくて(笑)。ただ好き勝手やっていたのを、ヤットさんが合わせてバランスを見てくれていたのだと思います」

プレー面では遠藤に全幅の信頼を寄せる長谷部だが、「この場を借りて反撃します」と語ってくれた。実はロッカールームで苦言を呈そうとしたことがあるという。タイミングは、2011年のアジアカップ。日本が4

度目のアジア王座に輝いた同大会で何があったのか。前年のワールドカップ・南アフリカ大会の直前にキャプテンに就任、キャプテン1年目だった長谷部は、当時を回想する。

「当時の自分は、キャプテンとしてチームを勝たせたい一心で、いい雰囲気をつくって、いい雰囲気のまま試合に持っていくために、ロッカールームでの在り方を大事にしていたんですね。それなのに、最年長のヤットさんが若い選手たちと試合前のロッカールームで楽しそうにワイワイやっている（笑）。もっと試合にフォーカスする雰囲気を出したいんだけど、ヤットさんに言ったほうがいいのかな……と。結局、ミーティングで誰とは言わずに遠回しに伝えました（笑）」

アジアカップの大会中に27歳を迎えた長谷部。日本サッカー界の偉大なるキャプテンが、キャプテン像を摑む前の記憶だ。

「今考えると、後にも先にもロッカールームでのヤットさんはずっと変わっていないんですよね。僕がキャプテンになりたてだったこともあって、みんなをガチガチに同じ方向に持っていかなきゃいけない、という固定観念があった。柔軟性が足りていなかったですね」

引退時に送ったメッセージの返信はスタンプひとつ

「2006年から約9年間、日本代表として一緒に戦ったけれどヤットさんのことは、いまだに摑めない」

最初に二人がピッチに立った2006年2月10日のアメリカ戦から、遠藤にとって代表最後の試合となった2015年1月23日のアジアカップ・準々決勝のUAE戦まで。約9年間にわたってともに日の丸を背負って戦った。それでも、遠藤のことは「これだけ長くやっていても、いまだに摑みどころがない」と長谷部は明かす。

「自分のやり方とか価値観とか、いろいろなことをまわりの影響を受けずに貫き通せる人なんだと思います。たとえば、みんなが『こっちの意見だよね』ってまとまりそうなときでも、ヤットさんは『俺はそうは思わないけど』ってさらっと言っちゃう。当然、『あれ？ やっぱり違うのかな……』という空気になりますよね。

おそらく、『人に好かれよう』という気持ちがあまりないのかなと、ヤットさんを見ていて思うときがあります。ファンの方にも有名な『ヤット渋滞』がまさにそうですよね。車を運転していてすごく渋滞しているなと思ったら、ヤットさんが先頭でゆっくり走っていたっていう。そんなにゆっくり走るのに、なんで速そうな車に乗っているんだろうと思ってます（笑）」

長谷部にとっては、遠藤の引退は「らしい」引き際だった。遠藤が引退を発表した2024年1月は、奇しくも長谷部の引退発表の3ヵ月前だっ

「すごく考えて送った文章に自分のスタンプひとつで返すヤットさん。もうちょっと何かあるでしょ、と（笑）」

た。ほぼ同時期に現役を退く決断をした長谷部がドイツから帰国した翌月に都内のホテルで引退会見を開いたのに対し、遠藤は動画での発表のみで会見はいまだに行っていない。

「ヤットさんはずっと現役でやっていくタイプだと思っていたので、引退を知ったときはビックリしました。そのとき、『同じ時代に一緒にサッカーできて本当に幸せでした』というような内容のＬＩＮＥを送ったんですよ。個人的なやりとりははじめてくらいで、文章を考えて考えて送ったんですけど、返ってきたのは『ありがとう』っていうスタンプひとつ。しかも自分のスタンプ（笑）。いやいや、もうちょっとなんかあるでしょと思っていたんですけど、僕が引退したときにヤットさんがはじめて文章のＬＩＮＥをくれたんです。内容は秘密。それがとても嬉しかったです。今は、指導者を目指されているとのことですが、ヤットさんのようなパーソナリティの監督って、ちょっとイメージがつかないんです。だからこそ、見てみたい。でも、もしかしたら現役に復帰するんじゃないか、とも思ったりしてます（笑）」

Talk About YATTO

MASAAKI HIGASHIGUCHI

東口順昭

「チームの雰囲気を一変させられるヤットさんの存在はとても大きい」

Profile

東口順昭　1986.5.12　大阪府生まれ

［選手歴］日吉台ウイングス ― FC OWLS INTER HIRONO ― ガンバ大阪ジュニアユース ― 洛南高校 ― 福井工業大学 ― 新潟経営大学 ― アルビレックス新潟 ― ガンバ大阪

「試合前にアップしないヤットさんを初めて見たときはビックリしました。あれでいいの？って」

東口順昭は、本田圭佑や家長昭博と同じガンバ大阪ジュニアユースの1986世代。後に日本代表となる3選手のなかで、ユースに昇格できたのは家長のみ。東口は高校、大学でプレーを続け、アルビレックス新潟でプロデビューをはたした。

アルビレックス所属時代にガンバ大阪と対戦した際の遠藤保仁の姿が印象に残っているという。

「ガンバが新潟へ試合にきて、僕はメンバー外でスタンドから見ていたんですけど、アルビレックスの選手たちも日本代表のヤットさんのプレーに注目していたんです。試合前のアップを見ようと思ったら、ヤットさんが全然アップしていなくて話題になっていました。『あれでいいの？』って（笑）」

その後東口は、2014年に「日本代表のゴールキーパー」としてガンバへと「帰還」した。遠藤とは日本代表で挨拶はしたものの、きちんと会話をしたことがなく、はじめて会話をしたのはガンバへの移籍後になる。

「ガンバのクラブハウスに行ったときに、ヤットさんがジムでバイクを漕いでいて。覚えてくれているかわからなかったので『はじめまして、東口です』と話しかけたら、『はじめてちゃうやん！』と言ってくれて（笑）」

チームメイトとして遠藤を見ているうちに、アルビレックス時代に感じた疑問が解決する。

「ヤットさんにとって、アップは必要ないんですよね。でも、試合では誰よりも走るし、結果も残すから誰も何も言わない。さすがだなと思いました」

驚いたことはほかにもまだある。遠藤のアドバイスが的確だったことだ。

２０１４年4月12日、その年最初の「大阪ダービー」。同年にセレッソ大阪は、ワールドカップ得点王を獲得したこともあるウルグアイ代表ディエゴ・フォルランを獲得。そのワールドクラスのストライカーの傾向を、遠藤は東口に伝授したという。

「セレッソのフリーキックの場面があって、フォルランが直接蹴ろうとしていたんですよ。その前にヤットさんが、ふらっと僕のとこに来て、『フォルランって壁がないほうを狙ってくるから気をつけて』と言われて。でも、僕は壁のほうに動いてしまったんです。そうしたら案の定、フォルランに壁じゃないほうにシュートを撃たれて、ゴールを決められてしまいました。まだガンバにきてから日が浅く、ヤットさんとの関係性がまだできていなくて……。ヤットさんの言うことは聞かなければと思った瞬間でした（笑）」

家も車も買うときに相談するのはヤットさん

遠藤はサッカー選手としてだけでなく、一人の人間としても周囲の人を惹きつけていると東口は言う。

「チームメイトの誰もが、ヤットさんにサッカーのことを聞きたくなるし、プライベートのことまで相談します。分け隔てなく話を聞いてくれるので、いつの間にか二人で食事に行ったり、遊んだりするようになったんです」

東口も例外ではなく、人生の大事な場面で遠藤を頼りにしている。

「僕は全部ヤットさんに相談しています。車を買うときも、家を買うときも、ヤットさんの知り合いの方を紹介してもらいました。これは偶然ですけど、自宅がヤットさんの家の近くなので、練習に行くときに車で迎えに行くこともあります」

「マイペースで、飄々《ひょうひょう》としている」という遠藤のキャラクターは東口から見ても変わりはないが、「根は誰よりも負けず嫌い」と強調する。

「ヤットさんと今ちゃん（今野泰幸）と麻雀をやったりするんですけど、ヤットさんはサッカーのときと一緒で感情の起伏がないんですよ。麻雀には流れがあるから流れが悪いと全然勝てなくなるのに、そういうときも一

「プライベートのこともヤットさんに相談。車を買うときも、家を買うときもまずはヤットさんに話しています」

切イライラしませんね。ゆっくりコーヒーを入れて飲みながら淡々と打つ。普通なら『うわーっ』てなっちゃうと思うんですけどね。実際、今ちゃんや僕はギャーギャー騒いでいるんですけど、ヤットさんはそれを笑って見ているという。

麻雀も、ゴルフも、なぜかいつもヤットさんが勝つんですよ。僕が勝てるとしたらゴールを守ることくらいですかね（笑）。振り返れば、麻雀も、ゴルフも、ヤットさんがやっているから僕もやり始めた気がします。だからなのか、全然追いつけない（笑）」

指導者になって感じるヤットさんの変化

2024年1月9日、遠藤は自身の引退とともにガンバ大阪のコーチに就任することを発表した。ジュビロ磐田に期限付き移籍をした2020年10月以来、3年3ヵ月ぶりとなるガンバへの「帰還」となった。

「当たり前に2024年も現役としてやるんだろうなと思っていたんです。そうしたら、突然電話がかかってきて、『辞めてガンバのコーチになるわ』って」

遠藤の引退にともない、「選手同士」の関係性は、「選手とコーチ」に変

「いてくれるだけでチームが強くなる。まさに〝遠藤効果〟。皆が信頼している証です」

わった。東口は指導者になった遠藤の内面の変化も感じている。
「選手時代はほかの選手にプレーを細かく教えているイメージはなかったんですけど、今はいろいろな選手に声をかけて、プレーやメンタルのことを話しています。そういう姿を見たら、指導者として歩み出しているんだなと感じます」

長くつきあいのある東口が「ビックリした」という出来事があった。2024年5月6日、ホームでのセレッソとの「大阪ダービー」の試合前に、遠藤がロッカールームで選手に檄《げき》を飛ばしたのだ。「最高の雰囲気、最高の舞台、そこでみんなプレーできる。その感謝と気持ちを持って戦ってほしい」「（ガンバの）エンブレムをつけている限り、絶対に負けられない」と熱く語る遠藤の姿は、ガンバのSNSにも投稿されて話題となった。
「ヤットさんがそんなこと言うんだ！ってビックリしたけど、あれでチームの雰囲気が一変。これは勝ったと思いましたね」

連敗中だったガンバは、遠藤の闘志に導かれるように、セレッソ戦から破竹の9戦負けなしの快進撃を続けた。

東口がすでに感じている〝遠藤効果〟。将来への期待をこう語る。
「攻撃してなんぼのスタイルで、何点でも取れるサッカーができる、そして、観ている人が楽しくなるチームにしていってほしい」

Talk About YATTO

KEISUKE HONDA

本田圭佑

「監督になって美しいサッカーを目指してほしい。参考にします」

Profile

本田圭佑　1986.6.13　大阪府生まれ

［選手歴］摂津FC ー ガンバ大阪ジュニアユース ー 星稜高校 ー 名古屋グランパスエイト ー VVVフェンロ(オランダ) ー CSKAモスクワ(ロシア) ー ACミラン(イタリア) ー CFパチューカ(メキシコ) ー メルボルン・ビクトリーFC（オーストラリア) ー SBVフィテッセ（オランダ) ー ボタフォゴ（ブラジル) ー ネフチ・バクー（アゼルバイジャン) ー スードゥヴァ(リトアニア) ー パロFC(ブータン)

「ヤットさんはプレーで語るタイプ。
代表で初めて一緒になったとき
ヤットさんからいろいろ学ぼうとしていた」

本田圭佑と遠藤保仁。この2人の名前を聞いて多くのサッカーファンが想起するのは、2010年のワールドカップ・南アフリカ大会だろう。日本のベスト16への進出が掛かったグループリーグ第3戦のデンマーク戦。日本は前半17分に、本田が長い距離のフリーキックを無回転シュートで直接沈めて先制に成功する。さらに、前半30分、今度は遠藤がキレイな弧を描いた直接フリーキックを決める。本田と遠藤の「剛と柔のフリーキック」は、日本サッカー界のハイライトのひとつとなっている。当時、24歳の本田と30歳の遠藤の間では、こんなやりとりがあったと本田は明かす。

「フリーキックのときは、基本的にヤットさんが合わせてくれるので、僕が蹴りたかったら蹴らせてくれました。でもたまに、ヤットさんが譲る気がないときもあるんですよ。デンマーク戦のときもそう。蹴る気満々な顔をしていたから、『ヤットさん、いく?』って聞いたら、やっぱりいくんだっていう(笑)。ヤットさんが蹴りたいときは、得意な角度だからなのか、蹴りたい気分だからなのか、ランダムで起こっていた気がします。だから、本当のところはヤットさんに聞いてみないとわからないですね」

パスに込められたメッセージは愛

本田が日本代表で初めて遠藤と顔を合わせたのは、名古屋グランパスエイト所属時の2007年3月のことだ。チームで定位置をつかんでいた本田は、イビチャ・オシム監督に見出されて招集を受けていた。

「僕はまだ代表で試合に出たこともない頃で、かたやヤットさんはチームの中心選手。具体的に何か話した記憶はないですけど、ヤットさんはプレーで語るタイプですから。パスや判断の質は、ヤットさんからいろいろと学ぼうとしていたことを覚えています」

岡田武史監督時代の2008年6月22日、ワールドカップ・南アフリカ大会アジア3次予選のバーレーン戦で、本田は日本代表デビューを飾った。本田は左の攻撃的ミッドフィルダー、同じ試合で遠藤もボランチとして先発していた。以降、本田と遠藤が日本代表としてともにピッチに立ったのは、57試合を数える。本田の日本代表出場98試合のうち半分以上を遠藤とプレーしたことになる。「ボールにメッセージがこもっている、数少ないパサーの一人」というのが、本田の遠藤評だ。

「優秀なパサーの中には支配力の強い、言い換えればボスキャラのパサーもいて。ヤットさんもある意味ボスキャラのパサーかもしれないですけど、ヤットさんのパスは、受け手の能力を最大限に引き出すパスがほとんど。『俺に合わせろ』っていうパスではなくエンジェルパス、言うなれば、愛のあるパスですよね」

遠藤保仁という選手を一言で表すとしたら。本田は「ブレない」という言葉で表現する。

「どんな選手にも好不調の波はあって、そこがうまくコントロールされているのはヤットさんのよさだと思います。ただ、どちらかと言えば、考え方のほうがすごい。メンタリティがブレないですよね」

ヤットさんは間違いなく優秀な指導者になる

ポジティブな言動が前面に溢れる本田と、飄々としてマイペースを崩さない遠藤。対極的なキャラクターに見える遠藤を「これまでプレーしてきた日本人のなかでも、本当の意味でトップレベル、そして自信に満ち溢れている選手」だと本田は見ていた。「実力的には、ヨーロッパのどこのクラブでやっても成功したと思います。ボールポゼッションや判断力っていうところで言うと、あのクオリティを持っている選手は世界でもなかなかいない」と本田は遠藤を称える。

「基本的にヤットさんは『自分が一番』だと考えているタイプですし、典型的な自信家だと思います。話していてそう感じることがあるんです。た

「ボールポゼッション、判断力において
あれほど高いクオリティを持つ選手は
世界でもなかなかいない」

だ、ヤットさんが『俺に合わせろ』というプレースタイルだったら、また別のヤットさんになっていたでしょうね。あのキャラクターとプレースタイルが独自のヤットさんブランドをつくりあげたと思うんですけど、持って生まれた能力がそうさせたのか、サッカー選手として生きていくためにはそうしないといけなかったのかは、わからないですけど」

プライベートではとくに親交はないという2人だが、2023年12月には本田が創設した4人制サッカー「4v4」の「U10ジャパンカップ」スペシャルマッチにレジェンドメンバーとして長友佑都や家長昭博らとともに遠藤を招き、共演をはたしている。

その翌月、遠藤は突如引退を発表。同年2月に岡崎慎司、4月には長谷部誠と、日本代表でチームメイトだった選手たちが次々と現役を退く決断をした。「みんな引退していくんでね、最近」と本田はさびしさをのぞかせた。

「そういう年齢なんだなと感じますよね。ヤットさんみたいなとんでもない数字を叩き出した人でも辞めなければいけない。それはすべてのアスリートが避けられない宿命ですけど」

その宿命に抗うように、本田は2024年7月にブータン1部リーグのパロFCと「1試合限定」で契約。約3年ぶりとなる公式戦に出場した。

「とんでもない数字を叩き出した人でも辞めなければいけないときが来る。すべてのアスリートが避けられない宿命」

新たな選手像を描いている本田は、選手と並行して2018年にカンボジア代表のGM（ゼネラルマネージャー）に就任、監督の資格は保有していないものの実質上の監督としてベンチ入りし、5年間にわたって同チームに携わった。指導者の立場としては後輩にあたる遠藤を、本田はどう見ているのか。

「指導者には引退後に成長して成功するタイプもいますけど、現役のときにこの選手が指導者になったら成功するかしないかっていうのは、大体わかると思っているんで。僕が上から言うのもおかしな話ですけど、ヤットさんは間違いなく優秀な指導者になると思います。美しいサッカーを目指してほしいですね。ヤットさんに限ってそんなことは絶対ないでしょうけど、蹴るサッカーとかやっていたら腹抱えて笑いますよ（笑）。指導者としてもブレないのか。参考にさせていただきたいなと思っています」

Talk About YATTO
TAKUYA ENDO

Special Interview

サッカーをはじめたきっかけであり、憧れの存在

遠藤家３兄弟・長男

遠藤拓哉が語る
弟・保仁への想い

「監督としての
ヤットのサッカーを観たい
その日をとても楽しみにしている」

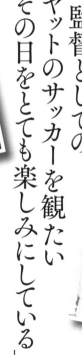

鹿児島のシンボルである桜島。人口6000人ほどの町で、遠藤保仁は生まれ育った。3兄弟の末っ子である保仁は、サッカーをやっていた2人の兄の背中を追うように、ボールを蹴り始めた。

保仁から5歳離れた次男の彰弘は、横浜マリノスやヴィッセル神戸で活躍した元Jリーガー。1996年のアトランタオリンピックでは日本の10番を背負って、「マイアミの奇跡」と称されるブラジル戦に先発した。

そして、保仁の6歳上である長男・拓哉。幼少期の保仁は2人の兄に影響を受けたが、目標としていたのが拓哉だった。父・武義は自宅の庭をリフォームし、息子たちがサッカーをできる環境を整える。3人はミニゲームに興じていた。

「僕たちが育った桜島は、人口が少ないのにサッカーが盛んな場所なので、自分とアキがサッカーにのめり込んでいるのを見てヤットも始めました。ヤットが小学校低学年の頃には僕は中学生ですから、当時のヤットからするとだいぶうまく見えたのかもしれませんね」

遠藤3兄弟が揃って進学した鹿児島実業高校は、サッカー部だけでなく、野球部も全国大会の常連だ。父・武義が学生時代は野球部だったこともあり、息子たちにも野球をやらせたかったという。ところが、「桜島で球技をやるなら、男の子はサッカー、女の子はバレーボールしか選べなかった」

（拓哉）という状況だったため、サッカーを選ぶのは必然だった。

拓哉は帝京高校からも声がかかるほどの有望選手だったが、鹿児島実業高校への進学を決意した決め手のひとつに、後に日本代表としても活躍する前園真聖の存在があった。

「ゾノのことは小学生のときから知っていて、中学の県選抜で一緒になったときにすごい選手だと思いました。ゾノも鹿実に行くと聞いたので、僕も鹿実を選んだんです」

強豪校で前園とともに1年生からレギュラーをつかんだ拓哉は、鹿児島実業高校での3年間で、3年連続全国高校サッカー選手権大会に出場。2年時は鹿児島県勢として初めて決勝に進出し、準優勝をはたした。拓哉個人としても、2年生と3年生の2年連続で大会優秀選手に選出された。ポジションはトップ下。前園、2学年下の城彰二とともに攻撃的なサッカーを担った。

遠藤3兄弟で一番うまいのは誰だ？　その疑問に対して、母・ヤス子が「一番上（拓哉）が一番うまい」と答えていることがメディアを通して伝えられている。拓哉当人に聞いてみると「ヤットだと思いますよ」とやんわり否定する。

「高校当時の話ですけど、自分はわりと華やかなプレーをするほうだったので、サッカーにそれほどくわしくない人が見てもすごいと思えたのかもしれません」

ドイツ・ワールドカップ後に感じた変化

意外にも、拓哉は高校時代の保仁のプレーを見たことがないという。高校卒業後に大学、実業団でプレーしていた拓哉は、弟の応援に駆けつけることはかなわなかった。

27歳のときに、結婚を機に選手を引退。やる側ではなく観る側になったことで、保仁のプレーを観るようになる。当時の保仁は、日本代表に声がかかりはじめていた頃だった。

「成長度合いにビックリしました。自分の中では一緒に遊びながらサッカーをしていた子供のヤットで止まっていたので、当然かもしれないですけど（笑）。ただ、子供の頃のヤットは点を取るイメージ。前めのポジションをやると思っていたので、ボランチなのは意外でした」

そうして、保仁の試合を追ううちに、すごさを感じるようになったという。

「テレビカメラってボールを追いかけるじゃないですか。ヤットはタッチ数が少ないから映る時間は短い。でもヤットにボールが回ってくるから、映る回数は多い。昔は自分と比べているときもあって、『自分ならここはドリブル』というタイミングでも、かんたんに味方に繋ぎますからね。ボールが来るまでに次のプレーを考えているんだろうなとか、思って見ていました」

拓哉が印象に残っているのは、保仁に招待されて現地観戦をした2006年のワールドカップ・ドイツ大会。保仁にとってはじめてのワールドカップだったのだが、メンバーに入った20人のフィールドプレイヤーのうち、保仁だけが唯一出場機会を与えられなかった。

「メンタル的に落ちちゃうのかなって心配していたんですけど、ワールドカップから帰ってすぐのＪリーグでのプレーがすさまじかったのを覚えています。プレースタイルが変わったわけではないですし、表情に出ていたわけでもないんですけど、気迫を感じたんです。これなら大丈夫だと安心しました。あの頃のヤットがプロ生活で一番すごかったと僕は思います」

４年後のワールドカップ・南ア大会では中心選手として活躍。初戦のカメルーン戦でワールドカップ初出場をはたすと、デンマーク戦ではフリーキックで初ゴールも決めた。決勝トーナメントのパラグアイ戦は、延長戦でも決着がつかずＰＫ戦までもつれこむ。日本の一番手は保仁だった。

「南アフリカＷ杯・パラグアイ戦のPK あまりの緊張に ヤットが蹴る瞬間は見ていられなかった」

「プレーを参考にしようと思ってもできず
ヤットのすごさを改めて感じた。
やっぱり敵わない」

「あの場面が一番ソワソワしました。自分が蹴るときよりも緊張して、部屋の中をうろちょろ歩いていましたね。ヤットが蹴る瞬間は見ていられませんでした」

兄の心配をよそに、保仁はしっかりとゴールキーパーの逆をついて、ゴール右隅にＰＫを成功させた。

50歳を過ぎた遠藤家最後の現役選手

Ｊリーグの試合を観戦してそのまま保仁の家に泊まったりはするものの、連絡をマメに取り合う間柄ではないという遠藤家。拓哉の電話に保仁から着信があったのは、２０２３年12月のこと。いいニュースではないことは、なんとなく察しがついた。

「時期も時期だったので……。引退することを聞いたときは、『よくがんばったね』という気持ちが強かったんですけど、１月に公に発表したときには、『本当に引退なんだ』と込み上げるものがありました」

保仁は現役を退いたが、じつは拓哉は現在シニアでサッカーを続けている。10年以上サッカーから離れていた拓哉だが、40歳を前に人数が足りなくて誘われたことでサッカーのおもしろさを再認識。「遠藤家最後の現役です」と笑みをこぼした。

10代、20代の頃はスピードやキレを武器にしていた拓哉は、身体的な衰えをカバーするために、ボールを捌《さば》くプレースタイルへの変更を余儀なくされる。保仁のプレースタイルが、自らの理想と重なった。

「ヤットのプレーを見て参考にしようとしているんですけど、なかなかできないんですよ。改めて、『ヤットすげえな』と思わされました。自分が相手にしているのはシニアの人たちですけど、ヤットは40歳を過ぎてもＪ１でやっていたわけじゃないですか。やっぱりヤットには敵《かな》わないなって」

嬉しそうに弟の自慢をする、兄の姿があった。

「僕もサッカーをやっていたから、試合を観るときは、『この対戦相手なら、このメンバーだったらうまくいきそうだ』と、自分なりのフォーメーションを想像して楽しむこともあります。ヤットが監督になったら、それがもっと楽しくなる。どんな選手をどういう場所で起用するのか、そこにはどういう意図があるのか。そんなふうに考えながら、今度は監督としてのヤットのサッカーを観ることが、今から楽しみです」

Staff

企画・構成 ⚽ 石井美由紀

原稿 ⚽ 横前さやか　木下千寿　竹田聡一郎
奥山典幸（P249～287）

写真 ⚽ 渡部 薫
佐藤 亮（COVER、P241～248）

装丁・デザイン ⚽ 門田耕侍

写真提供 ⚽ 株式会社ガンバ大阪
ゲキサカチーム（講談社）

企画協力 ⚽ ONECLIP 株式会社

マネージメント ⚽ 日下裕己（ONECLIP 株式会社）

7《セブン》

2024年10月3日　第１刷発行

著　者　遠藤保仁《えんどうやすひと》

発行者　宍倉立哉
発行所　株式会社講談社
〒112-8001
東京都文京区音羽2-12-21
電話　編集 03-5395-3474
販売 03-5395-3608
業務 03-5395-3603
（落丁本・乱丁本はこちらへ）

KODANSHA

印刷所　TOPPAN株式会社
製本所　株式会社若林製本工場

Printed in Japan　ISBN 978-4-06-535361-5　N.D.C.914　287p 19cm